www.ingramcontent.com/pod-product-compliance
Lightning Source LLC
Chambersburg PA
CBHW081149090426
42736CB00017B/3242
* 9 7 8 0 5 7 8 5 0 5 2 0 6 *

کلام آخر

دیوان اشعار

پرفسور دکتر کاظم فتحی

جلد دوم

کتاب چاپ شدهٔ شمارهٔ ۲۲

سپاس

تشکر صمیمانه خود را به دوستانی که در چاپ این کتاب مرا یاری کرده اند تقدیم میدارم

۱ ـ خانواده آقای شاهین بشرا

۲ ـ آقای حمید جلالی که در جلد اول و دوم کمک فرمودند

۳ ـ آقای رامین ، اندرو فتحی پسر عزیزم که کارهای کامپیوتری کتاب را بعخده گرفتند مضافاً کمال تشکر را دارم

پروفسور کاظم فتحی   3/26/2019

جلد دوم کلام آخر

بیوگرافی

پرفسـور دکتـر کاظـم فتحـی در سـال ۱۳۰۷ در تهـران متولـد شـد. او پـس از اخـذ درجـهٔ ممتـاز دکتـرای پزشـکی از دانشـگاه تهـران در سـال ۱۹۵۵ جهـت ادامهٔ تحصیلات تخصصی به امریکا عزیمت نمود.

بعـد از اتمـام دورهٔ انترنـی از شـیکاگو، دورهٔ جراحـی عمومـی از دیترویـت و دورهٔ کامـل جراحـی مغـز و اعصاب را در دانشـگاه ویرجینیـا بـه پایـان رسـاند. بـا کسـب اجـازه طبابـت عـازم کشـور سـوئد شـد. در سـوئد، بعـد از مـدت یـک سـال همـکاری بـا «پرفسـور نورلیـن»، اسـتاد جراحی‌هـای مغـز و اعصاب و رئیس کنگره جراحان دنیا، به سِمَت رزیدنت او درآمد.

در امریـکا ریاسـت بخـش جراحـی اعصـاب دانشـگاه Emroy در شـهر آتلانتـا را بـه مـدت یـک سـال بـه عهـده گرفـت و بـورد تخصصـی طـب قانونـی و طـب فورنزیـک و همچنیـن امتحـان بـورد را در ۱۹ ایالـت آمریـکا نیـز گذرانـد و ریاسـت بـورد امتحانـات وکلا را ۸ سـال در رشـتهٔ فورنزیـک بعهـده داشت.

در ایـوا، در مـدت ۸ سـال، عـلاوه بـر دو بیمارسـتان، عهـده‌دار مقامـات حساس دیگری نیز بود که مهم‌ترین آن‌ها عبارتند از:

- ریاسـت کل جراحـان مغـز و اعصـاب Midwest (کـه تقریبـا یـک چهـارم جراحـان اعصـاب امریـکا را شـامل می‌شـد و چندیـن بـار ریاسـت بخـش جراحی عمومی ایالت آیوا بود.

پرفسـور فتحـی از سـال ۱۹۷۸ بـه شـهر لاس وگاس کـوچ کـرده و بـه ادامهٔ جراحـی مغـز و اعصـاب پرداختـه اسـت. او عضـو افتخـاری گروه‌هـا و جمعیت‌های برجستهٔ علمی بسیاری می‌باشد. از آن جمله:

- جمعیت کالج جراحان امریکا American College of Surgeons

- کنگره جراحان اعصاب امریکا Congress of Nuerosurgeons

- جمعیت جراحان اعصاب Midwest با سمت پرزیدنت.

تالیفـات پرفسـور فتحـی بـه زبان‌هـای فارسـی، انگلیسـی و سـوئدی بـه چـاپ رسیده که پاره‌ای از آن‌ها عبارتند از:

- شوک‌ها و درمان آن‌ها.

- آنورسیم مغزی.

- غدد غیرسرطانی ستون فقرات و نخاع.

- جلوگیـری از سـختی عضـلات و بیماری‌هـای وابسـته بـه آن بـا اسـتفاده از داروی اسـکلایس (یکـی از اختراعـات داروئـی اسـت بـرای سـختی عضـلات کـه بـا تجسـس فـراوان تهیـه شـده کـه در بـازار بنـام Skelaxin و یـا Metaxalone موجود می‌باشد).

- سرطان گردن.

- بیماری پاژه یا Paget

- تومور ایدز در مغز (اولین بار)

- اختراع شنت فتحی که به ثبت رسیده و با آن دستگاه سکته‌های مغزی را معالجه نموده است.

علاوه بر تدریس، تحقیق و جراحی دارای طبع شعر نیز می‌باشد.

کتاب «دفتر آرزو»، بیش از ۷۰۰ صفحه به فارسی و انگلیسی نگارش، تهیه و تنظیم شده و «آقای سید محمدعلی جمال‌زاده» زبان‌شناس، نویسنده، مترجم و تاریخ‌نگار ایرانی نیز مقدمهٔ مبسوطی بر آن نگاشته‌اند که در آن آمده است:

«دفتر آرزو» از آن مائده‌های بهشتی است که روزی نصیب هر کس بشود روزگاران را فراموش نخواهد کرد و وقتی به اوج و تحسین می‌رسیم که آگاهی می‌یابیم که این سخنورِ سخندانِ والامقام کارش طبابت است و از جراحان شهیر و پزشکان نامدار سرزمین ما به‌شمار می‌رود.

«کلید پنج گنج نظامی» مروری است در پنج منظومه جاودان سخنور داستان‌سرای قرن ششم هجری قمری.

پاره‌ای دیگر از این دیوان اشعار عبارتند از:

«گنجینه رامین»، و «پیام آرمان» به زبان‌های فارسی و انگلیسی) «غنچه‌های شکفته»، و ۷ جلد «گلچینی از گلشن رضوان»، که بیوگرافی و زندگی نامه ۴۰۰۰ تن از شاعران ایرانی را نشان می‌دهد.

سایر کتاب‌ها به فارسی:

خاطرات، کتاب پورسینا راجع بـه ابوعلـی سینا و کتاب فردوسـی اسـت، کتاب دردهای پشت و دیوان اشعار به انگلیسی است.

- کتاب خاطرات دیرین.

- کتاب کلام آخر.

ضمناً بیش از ۱۲۰ DVD از این اشعار با موسیقی ساخته شده توسط ایشان بـه صـورت رایـگان در سایت‌های Youtube و Fathie.com در دسترس نـدان قـرار گرفتـه اسـت کـه می‌توانند بـه سـایت‌های Amazon.com و علاقه

WWW. AANOS.org رجوع کنند.

- دریافت مدال شاعر سال (در امریکا)، «مـدال کبوتـر بلـور و کلیـد طـلا» از طرف انجمن ادبی و شعرای آمریکا، در سال ۱۹۹۸.

- رئیس انجمـن پزشکان و جراحان کلارک کانتـی، در لاس وگاس، پزشک سـال، دکتـر و مـرد سـال و نماینـدهٔ استاندار در بوکـس و کشتـی و المپیـک در ایالت نوادا.

- رئیس انجمـن و آکادمـی جراحان اعصاب و استخوان امریکا بـه مـدت ۲۰ سال و رئیس بورد تخصصی آن و ریاست کل آکادمی COB.

- بـه مـدت ۳۷ سـال دارای مقـام شامخی در انجمـن جراحـان بین‌الملـل و دریافت مدال بزرگ Regents، که تا کنون هم ادامه دارد.

- عضـو بسـیاری از انجمن‌هـای خیریـه و دریافـت ۱۱۰ بـار مـدال بشـریت، فعالیت در انجمن روتاری و بیمارستان سوختگان و فلج اطفال.

- سردبیر مجلهٔ ژورنال پزشکی و چهار مجله علمی امریکائی.

- سرپرست تلویزیون پزشکی (مردم و جهان پزشکی در امریکا).

این شخصیت علمی ایرانی کیست که معتبرترین کتاب علمی امریکا نام او را در ردیف دانشمندان برجسته ایالات متحده آمریکا قرار داده است؟

کتابی با عنوان Who's Who بدستم رسید که شرح حال شخصیت‌های علمی و معتبر ایالت متحده را همه ساله چاپ می‌کند. در این کتاب معتبر، فقط نام یک ایرانی یعنی پرفسور کاظم فتحی به چشم می‌خورد.

پرفسور کاظم فتحی در زمان چاپ کتاب رئیس انجمن جراحان مغز و اعصاب امریکا در میدوست (شرق میانه) معرفی شده بود که این سِمَت از اعتبار خاصی برخوردار است.

با جستجو در اینترنت سایت او را بدست آوردم و با هماهنگی به دیدنش رفتم.

- **آقای دکتر چند سال دارید و چند سال در امریکا سکونت دارید؟**

- من متولد سال ۱۳۰۷ هستم و ۷۲ سال است که در آمریکا زندگی می‌کنم. پس از پایان تحصیلات در دبیرستان رهنما و دانشگاه تهران و اخذ درجه ممتاز دکترای پزشکی عازم آمریکا شدم و با سِمَت انترنی در بیمارستان مونت سینائی شیکاگو شروع به کار کردم. پس از یک سال موفق به اخذ کلید طلا و دیپلم ممتاز شدم و سپس به دیترویت رفته و مدت یک سال در بیمارستان Harper دورهٔ جراحی عملی را با سمت رزیدنت گذراندم.

سپس در دانشگاه ویرجینیا در شهر ریچموند با سِمَت معاون و رزیدنت جراحی اعصاب، رشته جراحی مغز و اعصاب را گذرانده و به اخذ مدال طلا نائل شدم.

در آن سال پرفسور نورلین در سوئد دارای شهرت سرشاری بود. با تلاش فراوان به سوئد سفر کرده و موفق شدم به مدت یک سال در جراحی‌های این پرفسور صاحب نام، در رشته مغز و اعصاب، از نزدیک با او همکاری کنم.

در مراجعت به آتلانتا، با این تجربیات ارزنده، به عنوان رئیس بخش جراحی اعصاب دانشگاه Emroy انتخاب شدم. پس از چندی عازم ایالت ایوا شده و مدت ۱۸ سال ریاست بخش جراحی اعصاب بیمارستان‌های این شهر را عهده‌دار شدم. همچنین به عنوان رئیس انجمن جراحان Mid West انتخاب شدم.

به علت آب و هوای سرد و نامطلوب ایالات شمال شرقی امریکا، بعد از تحقیق و مطالعه فراوان، شهر لاس وگاس را برای سکونت انتخاب کردم. از سال ۱۹۸۷ به این شهر عزیمت و سکونت اختیار کردم. در نشست شصتمین سال تأسیس جامعهٔ بین‌المللی جراحان مغز و اعصاب امریکا در ۱۹۹۹، به ریاست این جامعه انتخاب شدم. همچنین به عنوان مرد سال، اخذ ۱۱۰ بار مدال و نشان بشریت، سردبیری مجلهٔ نور و اورتوپدی امریکا، مجلهٔ پرتیراژ Vagas VIP و سرپرست تلویزیون مردم و جهان پزشکی و سردبیر مجله ژورنال پزشکی بودم. در سال ۱۹۹۸، از طرف انجمن ادبی و شعرای آمریکا، مدال شاعر سال را دریافت کردم.

• آقای پرفسور شما معروف به فردی متواضع و فروتن و عارف، دانشمند و هنرمند هستید. در این زمینه‌ها صحبت بفرمائید.

من از دوران دبیرستان رئیس انجمن دبستان بودم و طبع شعر خدادادی داشتم که تدریجا با مطالعات ادبی، متعالی و شفاف‌تر شد، در حدی که در حال حاضر، با نام فرزندانم کتاب «دفتر آرزو» در ۷۰۰ صفحه، « پیام آرمان» و

«گنجینه رامین»، مجموعه اشعار من چاپ و در اختیار علاقمندان قرار گرفته و تحقیق و اثری تحت عنوان «کلید پنج گنج نظامی» نیز چاپ شده که مورد تأیید و توجه دانش‌پژوهان قرار گرفته است.

ضمنا خداوند توفیقی نصیبم کرد که با کوشش چندین ساله، فهرستی الفبائی از نام، هویت و آثار ۴۰۰۰ شاعر صاحب نام و معروف در ۷ جلد بنام «گلچینی از گلشن رضوان» تهیه و در اختیار کلیه مراجع قرار دهم ولی متاسفانه هیچ نظریه‌ای چه مثبت و چه منفی از کسی دریافت نکردم، در حالی‌که با کمک دوستان عزیزم در ایران این کار بیش از ۳۰ سال بطول انجامید. این خدمت ارزنده را با قصد نیّت وظیفه به فرهنگ و ادب کشورم و به جامعهٔ علمی و فرهیخته‌اش تقدیم کردم.

وسیلهٔ انحصاری خاصی را برای درمان سکته‌های مغزی تولید کرده‌ام که در حال حاضر مورد استفاده جراحان در امریکا و تحت عنوان فتحی شنت به ثبت رسیده است.

- **آقای پرفسور در مورد اعمال جراحی در امریکا و ایران صحبتی بفرمائید.**

شکر خدا، در این ۷۲ سالی که در امریکا به طبابت پرداختم، ضعف و قصوری در اعمال جراحی نداشتم که منجر به شکایت شده باشد و میانگین اعمال جراحی کوچک و بزرگ من کلا ۳۷۰۰۰ عمل بوده است. در ایران هم آنچه که دوستان، فامیل و آشنایان به بیماران وقت ملاقات داده بودند، رایگان معاینه و درمان کرده و حتی داروهای استثنائی که همراه داشتم را بین آنان توزیع و در کنار همکاران گرامی‌ام در اطاق عمل در بیمارستان‌های تهران، به نظاره جراحی پرداختم.

خوشبختانه ایران از معدود کشورهایی است که دارای پزشکان متخصص و شایستهٔ فراوانی است که باعث افتخار کشور هستند و من به اغلب آنان ارادت دارم.

قبـل از انقـلاب، برحسـب درخواسـت وزیـر بهـداری، پیشنهاد مفصلـی ارائـه دادم کـه در صورت احتیاج جامعـه پزشکـی، اطبـاء حـاذق و خوش‌نـام بـه ایران فرستاده شـوند کـه بـه تدریـس و جراحـی بـا متـد و روش نویـن بپردازنـد. نقشـه و الگـوی سـاختمان بیمارستان مجهـزی را نیـز بـه وسـیله دوسـت عزیـزم آقـای هوشنگ اخلاقـی بـه ایـران فرسـتادم کـه بنظـر می‌رسـد الگـوی بیمارسـتان میـلاد، شـباهت زیـادی بـه نقشـهٔ ارسـالی مـن داشـته باشـد کـه البتـه بیمارسـتان مناسـبی اسـت،

در ایـران عزیـز مـن، شـخصیت‌های مجـرّب و عالیقـدری زندگـی می‌کننـد کـه لیاقـت و شایسـتگی مدیریـت حتـی درحـد اداره امـور کشـور را دارنـد، ولـی متأسـفانه یـا کاندیـدا گردیـده و پذیرفتـه نشـدند و یـا از تـرس رد صلاحیـت، از کاندیـدا شـدن خـودداری کردنـد. لـذا جـا دارد کـه بـا تجدیدنظـر در قانـون انتخابـات، ایـن فرصـت تحـت ضوابـط معقولـی در اختیـار هموطنـان بـا شـرایط مناسـب کارشناسـی شـده، قـرار گیـرد تـا نظـر مـردم تعیین‌کننـده سرنوشـت آنـان باشـد.

پزشـکان مقیـم آمریـکا کـه از تخصـص ویـژه‌ای در کار خـود بهره‌منـد هسـتند به‌همـراه همسـر و فرزنـدان، تعطیـلات خـود را در تهـران و بازدیـد از شـهرهای ایـران می‌گذراننـد ولـی امکانـات و وسـایل لازم در مسـیر راه وجـود نـدارد.

ورود داروهـا و تجهیـزات پزشکـی جدیـد بـه ایـران بـدون عـوارض و مالیـات و مزاحمت‌هـای گمرکـی از انتظـارات جامعـه پزشـکان ایرانـی در آمریکاسـت. امیـد اسـت تسـهیلات بیشـتری بوجـود آیـد.

برخـلاف حرفـهٔ پزشکـی کـه آنـی از تحقیـق و مطالعه روگـردان نیسـتم در مورد سیاسـت تجربـه چندانـی نـدارم ولـی بـا گفتگوهایـی کـه بـا ایرانیـان دارم کـم و بیـش بـا جریاناتـی کـه در ایـران می‌گـذرد آشـنا هسـتم و مایلـم ایرانیـان در خـارج بـا یـک هویـت معرفـی شـوند زیـرا در حـال حاضـر، دو گـروه ملـی و اسلامی بـه چشـم می‌خورنـد و هـر گـروه نظرات خـاص خـود را ارائـه می‌دهـد، در حالیکـه هـر دو گـروه ایرانـی هسـتند و بایـد نظـرات

یکسان و مشترکی داشته باشند. رئیس جمهور وقت می‌تواند از طریق مذاکرات دوستانه، مبادلات فرهنگی، ارتباطات اقتصادی، دعوت به سرمایه‌گذاری، تضمین منافع سرمایه‌گذاران و خصوصا جلب توریست و ایجاد بستر لازم برای رفع سوء نیت جهانی نسبت به نوع استفاده از تکنولوژی هسته‌ای، ترتیبی اتخاذ نماید که تنش، بدگمانی و نگرانی از بین برود.

در مورد پیوستن ایران به سازمان تجارت جهانی حرکت مفیدی صورت گرفته که امیدوارم با افزایش اشتغالات بستر مناسبی از جهت منافع ملی و رضایتمندی عمومی فراهم آید.

کتاب کلام آخر، آخرین کتاب پرفسور فتحی است، این کتاب شامل اشعار علمی، پزشکی، انتقادی، عشقی و جهانی است که امید است مورد لطف همه قرار گیرد.

کتاب‌های متعددی در ایران و امریکا به چاپ رسیده که در مورد پروفسور فتحی مقالاتی نوشته‌اند:

- کتاب راز موفقیت در بازار کار، از دکتر اصغر کیهان‌نیا، چاپ ایران.

- کتاب زندگینامهٔ پزشکان نام‌آور معاصر ایران، جلد دوم، از دکتر محمد مهدی موحدی، چاپ ایران.

- کتاب کی کیست، در امریکا و دنیا، به انگلیسی، چاپ امریکا.

- آشنایی با پروفسور کاظم فتحی، از دکتر حبیب‌الله صناعتی، شاعر معاصر، چاپ امریکا.

- تونل زندگی، از خانم پوراندخت قاسم‌لو، چاپ مونریال کانادا.

- مجلات و روزنامه‌های متعدد ایرانی و امریکایی.

امضاء محفوظ

بیوگرافی پرفسور کاظم فتحی

۱-پرزیدنت یا رئیس انجمن جراحان جهان (بین الملل) در امریکا ۲۰۰۱

۲- ریاست آکادمی جراحان اعصاب و استخوان در آمریکا سال های ۱۹۹٤-۲۰۱۳

۳-رئیس جمعیت جراحان مغز و اعصاب در امریکا در سالهای ۱۹۸٤-۱۹۸۵

٤-مشاور انجمن جراحان کالج امریکا در نوادا در سالهای ۱۹۹۱-۱۹۹۰

۵-ریاست قسمت ادامه تحصیلات پزشکی در امریکا ۲۰۰۰-۱۹۹۹

٦-ریاست پزشکان ایالت نوادا شهر لاس وگاس در کانتی کل رک ۱۹۹۹-۱۹۹۸

۷-ریاست جراحان اعصاب غرب میانه ۱/٤ کل امریکا در سالهای ۱۹۷٦-۱۹۷۲

۸-ریاست طب قانونی و بورد جراحان مغز و اعصاب

۹-رئیس فدراسیون امریکا در تشخیص درجات دکترا

۱۰-عضو اصلی انجمن جراحان اعصاب نوادا از سال ۱۹۷۹ تا کنون

۱۱-مشاور پزشکی فدراسیون بوکس و کشتی امریکا در سالهای ۱۹۸۹-۱۹۷۷
افتخاری به درخواست استاندار نوادا

۱۲-عضواصلی انجمن پزشکان نوادا از سال ۱۹۷۹ تا کنون

۱۳-مشاور ارشد جمعیت مبارزه و معالجه انجمن بیماری پاژه در امریکا

۱٤-ریاست بخش جراحی اعصاب بیمارستان سنت لوک و بیمارستان مری در ایالت ایوا شهر اررپید

۱۵-عضو کالج جراحان دنیا

۱٦-عضو انجمن پزشکان ایوا در سالهای ۱۹۷۸-۱۹٦۳

۱۷-عضو انجمن جراحان بالینی در ایالت ایوا در سالهای ۱۹۷٦-۱۹٦۵

۱۸-عضو کانتی لین در شهر سیدارریپد در سالهای۱۹۷۸-۱۹٦۳

۱۹-ریاست جمعیت جراحان اعصاب در لاس وگاس از سال ۱۹۷۹ تا کنون

۲۰-عضو کانتی کلارک کلیه پزشکان از ۲۰۱۸-۱۹۷۹

۲۱-دارای دکترا در جراحی اعصاب و دکترای فلسفه و ادبیات از انجمن مطالعات عالیه

معاون پرفسور در دانشگاه نوادا ، رینو ، نوادا

۲۲-پرفسور در جراحی اعصاب و طب قانونی

اختراعات در معالجه بیماران در رشته جراحی مغز و اعصاب و عروق

۱-شنت فتحی – پل برای رساندن خون به مغز در حال جراحی شریان کاروئید

۲-ترمیم استخوان سر پس از عمل جراحی و برداشتن آن با جابجا کردن آن با پلاستیک مخصوص

۳- گزارش دهنده ٤ بیماری در مغز و اعصاب ، بنام سندروم

٤- اولین گزارش پیدایش سرطان مغز در اثر بیماری ایدز –مجله نوروسرجری

مقام های پرفسور فتحی در مجلات طبی امریکا

۱- سردبیر ژورنال جراحی اعصاب و استخوان

۲- دبیر و نویسنده مجله یا ژورنال بین الملل

۳-سر دبیر ژورنال پزشکی ،فارسی ، انگلیسی و اسپانیایی ده سال در امریکا

٤-سر دبیر و سرپرست تلویزیون شما و پزشکی برای ۱۲ سال (مردم و جهان پزشکی)

۵-نویسنده در مجله vipدر امریکا

٦-نویسنده در مجله لاس وگاس ، نوادا

۷-نویسنده در مجله سلامتی شما

۸-نویسنده مجله من و شما

۹-دبیر مجله مهر فارسی و انگلیسی

نشریات پزشکی از ایشان

۱-نگاه مجدد به معالجه سختی های عضلانی بیماران و اختراع داروی آن بنام اسکا لاکسین یا متا کسیلان در

سال ۱۹٦٤ (تا امروز بهترین دارو شناخته شده و در دنیا بفروش رسیده)

۲-ناتوانی های عضلانی و سختی عضلات و چگونه با آن میتوان مبارزه کرد

۳-آنوریسم قاعده مغزی که ایجاد علائم و بیماری تومر هیپوفیز را میکند ادنوما

٤-همو اننجینو پریسیتوماکه در ستون فقرات باعث فلج دست و پا میشود و تشخیص آن برای اولین بار و گزارش

آن در مجله جراحی اعصاب

٥-استپو سارکومای مهره اطلس در گردن ژورنال ایوا مدیکال دسامبر ۱۹۷۱

٦-استفاده از شنت فتحی و آمار آن و استفاده آن در انسداد شریانهای گردن بخصوص کاروتید مارچ ۱۹۷۲

۷-فلج های گاهگاهی و طرز معالجه آن

۸-مطالعه ۱۱۰ بیمار بعد از عمل با شنت فتحی و گزارش آن

۹-بیماری پاژه و طرز درمان آن ۱۹۸٤ با متد پرفسور فتحی ژورنال اعصاب و استخوان

۱۰-بیماری پاژه ، علل و طرز معالجه . آمار کشورهائی که این بیماری در آنجا دیده شده و کلیه اطلاعات مفصل

آن در ژورنال جراحی اعصاب و استخوان

۱۱-گزارش اولین بیماری غده مغزی در اثر بیماری ایدز لینفومای مغزی ۱۹۸۷

۱۲-جدیترین نوع جراحی دیسک گردن و برداشتن مهره و جابجا کردن آن با متیل متکرولیت

از پرفسور فتحی مجله مونت سینا ۱۹۹٤ ماه می

۱۳-گزارش ۲۰۰ عمل جراحی دیسک گردن با متد پرفسور فتحی و نتایج آن مجله جراحی اعصاب و استخوان

۱۹۹۸

۱٤-بیماری پاژه و راههای بهتر درمانی و تحقیقات جدید پزشکان

۱٥ جراحی دیسک پشت کمر با متد های مختلف ۲۰۱٤ مجله نورواورتو

مقالات مربوط به پزشکان در ژورنال CCM.S

۱-برای پزشک داشتن وجدان و مهربانی لازم است

۲-در امریکا اخلاق پزشکان کلا بایستی تغییر کند

۳-پزشکان نباید تبعیضی برای نژاد ، رنگ و باور بیماران قائل شوند

٤-مقام پزشکی همراه با مسئولیت کامل و ضمانت کامل باید باشد

۵-آب ها را آلوده نکنید

٦-مضرات الکل و سیگار به مردم

۷-سردرد های مختلف و درمان آن

۸-چه باید دانست در باره چشمان و مواظبت آنها

۹-چه باید دانست درباره کلسترول و سکته های مغزی و قلبی و راه درمان و پیش گیری از آن

۱۰-فشار خون و تاثیر آن روی مغز

۱۱-سکته گرمائی یا گرما زدگی و معالجه آنها

جوایز ، مدال ها و تقدیر ها در پزشکی و ادبیات

۱-عضو گروه روتاری در امریکا ، گروهی که بیماری فلج اطفال را در دنیا با تزریق واکسن آن ریشه کن کردند از سال ۱۹٦۵ تا کنون

۲-عضو گروه پال هاریس کسی که روتاری را ایجاد کرد ۱۱۰ بار برنده جایزه آن

۳-عضو ارشد روتاری در ۲۰ سال گذشته

٤-برنده مدال بشریت در امریکا ۱۱۰ بار و برنده مدال کبوتر بلور و کاپ بلور

۵-دکتر سال و مرد سال در نوادا ۱۹۹٤ و قهرمان ایالت در کمک به مردم

٦-شاعر سال برنده مدال آن در ۱۹۹۸ توسط انجمن شعر و ادبیات امریکا

۷-برنده کلید طلا از بیمارستان سینای شیکاگو ۱۹۵۷

۷-برنده مدال فا   یکس در سال ۱۹۹٤

۸-برنده مدال یک عمر موفقیت و شایستگی ۱۹۹۱ در جراحی مغز و اعصاب

۹-دکتر سال و مرد سال در گلدن گلا وز سالهای ۱۹۸۹-۱۹۹۲

۱۰-مقام برتریت در شعر از AMAانجمن پزشکان امریکا

11-مقام های غیر پزشکی و جوایز دیگر را ذکر نمیکنیم

مقدمه

سلام به دوستانی که این کتاب را مطالعه خواهند نمود.

بعد از تشکر فراوان از محبت شما، این نکته را به عرض می‌رسانم که در این دیوان، اشعار ادبی، سیاسی، انتقادی، هنری و انواع قالب‌های شعری نظیر: قصیده، غزل، رباعی، همچنین داستان، نثر و تصنیف گنجانیده شده که هر کدام در جایگاه خود بایستی قضاوت شوند. اشعار انتقادی ایران و امریکا و غیره گاهی به صورت طنز سروده شده ولی آزادی کلام در همه آن‌ها به‌کار رفته و سعی شده که به ملیت‌ها و مذاهب مختلف دنیا، به‌خصوص باورها و عقاید آنان توهین نشود و در عین حال، ساده و قابل فهم نیز باشد. از کلمات دشوار و سخت برای این‌که خواننده را خسته نکند جلوگیری شده ولی فهم کلام را باید درک نمود و همیشه ارزش آزادی، انسانیت، بشریت و خدمت به درماندگان را فراموش نکرد. آزار مردم و حیوانات باعث احترام شما نخواهد بود، ظلم، قساوت، ضرب و شتم، سنگسار و دار بایستی در تمام دنیا حذف شود. از کینه و عقده‌ها بکاهید و قلب رئوف و مهربانی را با خود از این دنیا ببرید.

فعالیت کنید که از بهترین‌ها باشید.

عاقبت جوینده یابنده بود   سایۀ حق بر سر بنده بود

قصدم از نوشتن ۲۲ جلد کتاب فقط اعتلای فرهنگ ایرانی بوده، هزینۀ تهیـه و توزیـع کتاب‌هـا را شخصا متحمـل شـده و همـه را بـه صـورت رایگان در اختیـار مـردم و کتابخانه‌هـای ایـران، امریـکا و کانـادا قـرار داده و در هیـچ کتابفروشـی توزیـع نکـردم کـه از فـروش آن‌هـا سـودی عایـدم شـود.

بـرای خوانـدن کتابهـا می‌توانیـد بـه سایت‌های Amazon و Google مراجعـه فرمائیـد. در سایتwww.Fathie.com کلیـۀ کتاب‌هـا بـه صـورت رایگان در اختیـار شـما قـرار دارد. در Amzon هـم بـا سـفارش، کتاب‌هـا بدسـت شـما خواهـد رسـید و یـا می‌توانیـد آن‌هـا را قـرض بگیریـد. بسیاری از ویدیوهای مـن را می‌توانیـد در Youtube و یـا Fathie.com ملاحظـه کنیـد. ایـن فیلم‌هـا شامل اشـعار، جراحی‌هـای اعصـاب، اختراعـات طبـی و غیـره اسـت. اکنـون در سـن ۹۰ سالگی، کتاب «کلام آخر» جلد دوم را بـه شـما عزیـران علاقمنـد هدیـه می‌کنم. سـربلند و موفـق باشـید، بـه فردوسـی افتخـار کنیـد. بـه همـه اسـتادان شـعر و ادب سـر تعظیـم فـرود مـی‌آورم.

کاظم فتحی

۲۰۱۸ – ۳۰ – ۱۱

«عشق و زاهد»

سخن زاهد:

ای کاش دلم در گروی روی تو بود　　آن باد خنک از وزش موی تو بود
ای کاش که چشمان تو ما را می‌دید　　یا آنکه دلم در خم ابروی تو بود
شامی که سر آمد هم از اندوه پر است　　اشکی که فشاندم همه از خوی تو بود
یک‌شب به تو دل دادم و آن شب رفتی　　بیچاره دلم در هوس کوی تو بود
روزانه غم و غصه خورم جای خوراک　　در شب نروم خواب نگه سوی تو بود

سخن معشوق:

زاهد تو به ظاهر چه فریبنده و پاک　　در باطن تو ابلیس ره جوی تو بود
دانم که تو از عشق گریزان ترسان　　عشق است که در وسوسه جادوی تو بود
بگذر ز من معشوق ای زاهد ظالم　　عمریست که اموالم سکوی تو بود
دانم که گناهان مرا می‌بخشی　　گر در بغلت افتم و پهلوی تو بود
امروز دگر حیله و تزویر نشاید　　افتاد ز قدرت که ثناگوی تو بود
ای زاهد بیمار برو عشق دگر یاب　　این قوی بمرده است که آهوی تو بود

۲۷ نوامبر ۲۰۱۷

«با من»

عزیز دل تورا اینجا چرا با من نمی‌بینم — دراین دوران سخت زندگی ایمن نمی‌بینم
تو آشوب دل بشکستهٔ ما بودی و حالا — تورا در باغ گل یا در سر خرمن نمی‌بینم
تمام رازهایت در سرم پیچیده میدانی — بگوبامن چه کرد آن دل که از آهن نمی‌بینم
گناهم چیست تا پیراهن عثمان علم کردی — من از عثمان نمیدانم و پیراهن نمی‌بینم
غمم انباشتی سوز دلم را بی‌سبب خوردی — دگر در این قفس افتاده و روزن نمی‌بینم
دلم میخواست قلب پارهٔ خود را بدوزم من — هزار افسوس اینجا من نخ و سوزن نمی‌بینم
بباغی رفتم و غمگین بدنبال گلی بودم — که تا شکوه به گل گویم ولی سوسن نمی‌بینم
عزیز دل تو الهامی و رؤیایی بجان من — فراموشت نکردم لیک جان در تن نمی‌بینم

۲۷ نوامبر ۲۰۱۷

«سردار بدنام»

این شیخ خبر از دل بیمار ندارد   در عرش خدا نیز خریدار ندارد
ای شیخ تو با خدعه و تزویر چه کردی   بیمار که اینگونه پرستار ندارد
رحمی که سزاوار بشر بود نکردی   عدل است و الهی است ز کس عار ندارد
گفتی همه طاغوتی و در جهل تمامند   باید که بیمرند به کس کار ندارد
هر مرد و زن از تهمت بی‌جای تو کشتی   فتوای تو طاغوتی و افکار ندارد
درد و ستم مردم بیچاره و مظلوم   در پرده اسرار خدا یار ندارد
دربار تو سربار همه مردم ایران   افکار تو بیمار چو پندار ندارد
کشور همه ویرانه به دستور تو ای شیخ   کس در وطنش چون تو سگ هار ندارد
داروی علاج تو نگردیده هویدا   افعال تو را هیچ گنه‌کار ندارد
مردم همه در فقر و تو را ثروت بسیار   دزدیدی و خوردی کسی آمار ندارد
برخیز و رها کن رسن مردم بیمار   جایت سر دار است و پیکار ندارد

۲۷ نوامبر ۲۰۱۷

«شهر ماتم»

در مغز فکورم غم تو خانه ندارد — کس در سر من لانه جانانه ندارد
دل‌های شما سرد و مددکار نماندید — در شهر شما مسجد و میخانه ندارد
آن کشور ماتم‌زده در سختی مطلق — دلسوز و هواخواه به کاشانه ندارد
در ظلمت شب چهره مهتاب ندیدم — خورشید نتابیده و گلخانه ندارد
خشک است همه چشمه و دریا چو بیابان — گرد است و غبار است و کسی خانه ندارد
در این قفس تنگ چه خواهی تو ز صیاد — از بهر تو آب و شکر و دانه ندارد
صحبت ز حجاب است و دگر قصه نان نیست — در سفره ما شمع که پروانه ندارد
آن ثروت ایران همه در خارج ایران — سرمایه که بیش از دو سه یارانه ندارد
در کنج دلم عشق وطن لانه گزیده — کس لانه در این محبس بیگانه ندارد
در خواب برفتیم و بیدار نبودیم — تاریخ ترا بردند افسانه ندارد
چیزی دگر از این همه ویرانه نمانده — در شهر شما میکده پیمانه ندارد
دل را به کف هر که نهم باز پس آرد — کس تاب نگهداری دیوانه ندارد

۲۷ نوامبر ۲۰۱۷

«شهناز»

شهناز که یک دختر فهمیده و ناز است   اهل ادب و دست و دلش بر همه باز است
رقص عربی را که خود آموخته احسنت   با دبکی و سنتور و یا ساز و نواز است
آن دختر نازش ملودی خوشگل و مقبول   او در شرف عقد و عروسی به نیاز است
فرزند پسر دارد و هر دو به نظر پاک   اما که یکی زآنها در شیب و فراز است
یک شوهر بی‌نور و خالی ز محبت   پرکار و با دنبک خود هرزه‌نواز است
فخری که چه گویم گل گلخانه دختر   آن شیر خدا هم پدر خوب و طراز است
مردم همه خوشحال که از دیدن شهناز   نوریست که در خانه فقط محرم رازست
روزی بیکی دوست شدم مایل و یکجا   دیدم که هنرمند و نوازنده ساز است
در محفل ما نغمه شوری ز صبا زد   شهناز برقص آمد و چشمان همه باز است
روزی که عروسی شد و شهناز عروس است   دیدم که بکنجی شده در راز و نیاز است
بر حضرت حق گفتم شادش کن و ارشاد   گفتم مددش کن که هم او عاری از آز است
با آنهمه عقل و هنرش زاده ایران   می‌باشد و در خانه مشغول نماز است

تقدیم به شهناز عزیزم
۸ فوریه ۲۰۱۸

«وضع ایران»

روزگار وطنم معلوم است   طرب و عشق در آنجا شوم است
خنده ممنوع و تبسم گنه است   صحبت عشق و وفا مذموم است
جمع بیش از دو سه تن نیست روا   مرد از دیدن زن محروم است
سر هر کوچه و بازار نگر   هر که بینی تُرُش و مغموم است
از سیاست سخنی هیچ مگو   که سخن‌های تو نامفهوم است
مادری اشک به دامان ریزد   پسرش در قفس و مظلوم است
در اوین بر پسر و دخترها   هر تجاوز که شود مرسوم است
مرد آزاد که گوید سخنی   سر دار است و یا مسموم است
انتقادی به کسی جایز نیست   به اوین رفته و او معدوم است
آنکه در حبس و یا زندان است   بخداوند قسم معصوم است
پول نفت و سند ملک و زمین   بین این مفت‌خوران مقسوم است
هرچه خواهید بتازید کنون   این گناهان شما مکتوم است
باش تا روز جزایت برسد   که خدا داند و آن مرقوم است

«شرور»

گوشتو باز کن پسر از همه دوریم چرا؟   زیر فشار محبس و خدعه و زوریم چرا؟

سنگ صبوریم چرا؟

چشمتو باز کن پسر مست غروریم چرا؟   میان جمع حیله گر بی رگ و کوریم چرا؟

اهل حضوریم چرا؟

مغزتو باز کن ببینی ما همه جوریم چرا؟   در سر هر سفره خوان نان تنوریم چرا؟

تنگ بلوریم چرا؟

مرد فکوریم اگر بی کس و عوریم چرا؟   مثل خذف مثل علف دست سپوریم چرا؟

زنده بگوریم چرا؟

مرد غیوریم مگر سلمه و توریم چرا؟   خدا قسم در این زمان بچه موریم چرا؟

چه بی شعوریم چرا؟

منبع نوریم چرا اهل عبوریم چرا؟   کنار حوض کوثر و عاشق حوریم چرا؟

خام ظهوریم چرا؟

ما همه فرزند بشر اهل مروریم چرا؟   با همه رنج و تعب در پی سوریم چرا؟

بس که شروریم چرا؟

بس که شروریم چرا؟

۹

«کافری»

کافر اندر دور دنیا نیست، نیست، او که گوید کافرم او کیست کیست؟

دین و مذهب گر که گوید کافری من ندانم علت آن چیست چیست؟

ایزد دانا که گفت از کافران او به مهر و عشق پابند است و زیست

عاقلی گول ریاکاران مخور حرف ملایان تمام کافریست

کافر آن ملای خونخوار است و بس او که در امر خدا کرده است ایست

کافر آن ظالم که در مسجد نشست او که دارد در کفش هفتاد لیست

می‌کشد مردان و فرزندان او نام حق بر آن گذارد بیست بیست

مهربانی کن به افراد بشر چاره این کافران هم عاشقی است

تا توانی مهرورز و شاد باش آدمیت راه و رسم زندگی است

دور شو از عالم بی‌مهر و دون هر قفس بشکن که آنهم بردگیست

۱۰

«تولد رایا و آیلا»

پگاه نازنین مادر که چشم من براه تو
تولد گشت و شاد از خنده‌ها و قاه قاه تو

ترا یک دختری زیبا که نامش هست رایا جان
به روز سیزده آمد بدنیا در پناه تو

منم یک دختری دارم که نامش آیلا باشد
که او هم سیزده شد در همین تاریخ و ماه تو

پگاه من پگاه من تو شمعی در نگاه من
تو چون ساز خوش سنتور هستی در سه گاه من

بیا شادی کن و خوش باش رایا دادخواه من
ترا من می‌پرستم این بود تنها گناه من

تولد «**رایا و آیلا**» مبارک

«نوروز پیروز»

دوستان روز نیاز است هنوز غمزه و عشوه و ناز است هنوز
روز نوروز بما نزدیک است موسم زخمه ساز است هنوز
ز شراب لب شیرین می‌نوش در میخانه چو باز است هنوز
نازنین قدر محبت را دان عاشقی کار ایاز است هنوز
بلب یار بزن بوسه که دم در جهان شیب و فراز است هنوز
چه کسی کرده ضمانت در دهر زنده‌دل محرم راز است هنوز
گذر آب نظر کن در رود عمر چون رود هزار است هنوز
آفتاب آمده برخیز ز جا که کنون وقت نماز است هنوز
اشک آن گرسنه از غصه نبود سببش نان و پیاز است هنوز
روز نوروز به ایران نروم کشورم دست گراز است هنوز

«تواضع و مهربانی»

منکه در شعر سرودن ید طولا دارم   در دل ایزد دانای جهان جا دارم
منکه عمرم همه در محبس و تبعید گذشت   با همه دزد و دغل یکسره دعوا دارم
در غم مردم مظلوم شراکت کردم   در سر کوچه بیماران مأوا دارم
به همه در همه جا مهر و محبت کردم   با تواضع سر خود زیر و نه غوغا دارم
او که داند که جهان بر احدی رحم نکرد   همه در حال خروجیم و نه حاشا دارم
به بشر گفتم و گفتم که من و من نزنید   من هم از این همه تدریس فقط ما دارم
به بشر تکیه مکن او که نداند رازی   عشق را در بغل گنبد مینا دارم
آسمان را بنگر خلقت اجرام ببین   منکه از اینهمه مخلوق خدایا دارم
لذت زندگی من همه در خدمت خلق   با محبت و تواضع سر و سودا دارم
با محبت و تواضع در دلها باز است   دگر اندیشه مکن خانه در آنجا دارم

«ترور در دبیرستان»

انگشت مکن بیهده در لانه زنبور   آنجا عسلی نیست مگر زهر و غم و زور

در مدرسه هر کودک دستش به تفنگی است   کس نیست بپرسد که شده قاتل و مامور

آن کودک مظلوم امان نیست در آنجا   جان می‌دهد و رفته ز مکتب بسوی گور

در مدرسه صد کودک مشغول به تحصیل   مادر پدرش از هنر کودک مسرور

ناگاه خبری پخش شود باز در اخبار   دیوانه سری رفته باین مدرسه مغرور

کشته است عزیزان مرا یکسره بی‌رحم   با تیر و تفنگ و رسن و دشنه و ساطور

آن رهبر امریکا با پول کلانش   بنشسته به تخت و ز خبر هست کر و کور

داری تو ز غفلت هوس جنگ و جنایت   افسوس تو را خوانند یک سرور جمهور

در نزد تو احکام الهی همه جهل است   می می‌خوری و بنده افیونی و بی‌نور

با دزد و دغل دوست مشو راست نگویند   بنگر که تویی بین ددان وصله ناجور

آسان نبود عقل به دیوانه سپردن   او از ره دیوانگی خود شده مشهور

ای وای بر این مردم خونخوار چه گویم   این شهر وحوش است و یا کشور منصور

دردا که دلم خون شد از این کشور آزاد   گردیده کنون مرکز دیوانه و منفور

دانی که دلار است سبب رشوه رساندن   بر جمع نماینده مجلس و سناتور

بیش از همه آن رشوه رسیده است به رهبر   او نیست به فکر تو و آن مدرسه مجبور

«رنگ خدا»

خدا سپید و سیاه است یا که بی‌رنگ است	و یا که رنگ خدا رنگ صلح یا جنگ است
صفات حق که فقط مهربانی و عشق است	نمی‌توان که به او گفت سرد و دل تنگ است
روایتی که نوشتند سخت و قهار است	از آن کسان که نوشتند قهر و دلتنگ است
سپید و قرمز و آبی و یا که زرد و سیاه	نبوده رنگ خدا او خدای فرهنگ است
ز باغ و راغ و گل و سنبل و نسیم و طرب	صدای نغمهٔ ساز است و شهر آهنگ است
کسی که رنگ خدا را سوال فرموده	بخواب رفته و رؤیا ندیده او منگ است
خدای من همه عشق است و نور و زیبایی	وفا و حکمت و مهر و بدور از ننگ است
برو سئوال خودت را عوض کن ای زاهد	خدا نه سرخ و سفید و اهل نیرنگ است
تفاوتی نکند رنگ او بمن ایدوست	چه در حضور و چه در صد هزار فرسنگ است

«کمک به بینوا»

دل من تُنگ بلوری که پُر از شراب نابی   چه شود که قطره‌ای هم بدهی به شیخ و شابی

که بسنجد او چه کرده است بجان بینوایان   که بداند او جهان بوده همیشه یک سرابی

که ز خواب ناز برخیزد و مردمان ببیند   که چه رنج‌ها کشیده است به زیر سقف آبی

تو سخنور عجیبی که ز عقل بی‌نصیبی   ولی از برای اینان به خدا به پیچ و تابی

بدلم اثر ندارد سخنت چه زشت و زیبا   تو فکنده‌ای به حلقوم رسن و یا طنابی

برو توبه کن از این ظلم که کرده‌ای بمردم   که خدا نشسته غمگین بامید یک جوابی

تو به خواب و بینوایان همه گرسنه برهنه   بامید آن زمانی که سرت نهد حبابی

چه عبادتی است بهتر ز کمک به بینوایان   که رفو کنی لباسی به تن و دل خرابی

۱۶

«که بودم»

اگر دردم یکی بودی چه بودم   چه فرقی داشت در بود و نبودم

کنون دردم ز صبرم بیشتر شد   که پاشیده است از هم تار و پودم

دگر مهلت به خندیدن ندارم   چه شد آن نغمه‌های چنگ و رودم

نکردم سجده بر آدم در این دهر   خداوند جهان را من ستودم

رفیقان را ستایش کردم و مهر   کجا شد آنهمه مهر و سرودم

از آزادی سخن گفتم شب و روز   که می‌آید در ایران دیر و زودم

نیامد او نیامد او نیامد   کنون اشکم چکیده روی عودم

فزون شد درد و درمانی نمانده   که از سر تا به بالا رفت دودم

در این زندان تاریک امیدم   نهفته تا ابد آخر چه سودم؟

فقط روزی که آزادی بیابم   مگر دانم چه بودم یا که بودم؟

برو ای ساربان آهسته میران   که من در کوچه غم‌ها غنودم

«نوروز ۱۳۹۷»

نوروز دوباره آمد اندر بر ما است ایام بهار است و جو گل بر سر ما است
هر سال که نوروز عیان شد بر ما گفتیم قدم مبارک او دلبر ما است
یکسال به انتظار آن آمدنش گفتیم بیا صفا کنون زیور ما است
برخیز و بیا که دوستان منتظراند آنرا که ندیده‌ای دو چشم تر ما است
گفتیم بیا رقیب اندر خواب است با عشوه و ناز یار در بستر ما است
در نعمت و ناز و خنده و ساغر می مستیم در اینحا و نه این کشور ما است
در کشور ما گریه و زاری برپا است شخصی که‌فقط‌خوش‌است‌اورهبرمااست
اینجا غل و زندان و پریشانی نیست آنرا که شکسته‌اند بال و پر ما است
پرسند گل و سنبل و آن سبزه کجا است گفتم که نهان بزیر خاکستر ما است
ای روز خجسته آفرین بر مهرت هر ساله میایی و وفا یاور ما است
آنان که به ظلم و زور قدرت طلبند بگذار بیافتند غم آخر ما است
جانم بفدای هر که با عشق و صفا است در دهر خدای ما و یا سرور ما است
نوروز خجسته بر تو ای ایرانی او تنگ شراب و ساقی و ساغر ما است
تقدیم به مردمان پر شور و سرور کاو یار قدیم و حامی و یاور ما است

«در پاسخ به شعر پیام چلچله‌ها از استاد نوشا ذکائی»

من از بهار که گفتم ز روزگار که گفتم | من از بلندی شب‌های تیر و تار که گفتم
من آن پیاله گرفتم به یمن ساقی و ساغر | قدح شکستم و از درد میگسار که گفتم
صفای آینه را شرح داده و بستودم | زگرد آینه گفتم هم از غبار که گفتم
ز بیوفایی باران و رعد و برق خزانی | نوشتم و گله کردم به کردگار که گفتم
مثال رود که جاریست در کرانه دریا | نوای مرغ سحر را در آن دیار که گفتم
چنان که لانه مرغان به دست باد خزان شد | چنان که مرغ بنالید زار زار که گفتم
چو لاله‌ای که به تاراج باد پرپر شد | ز داغداری زنهای بیشمار که گفتم
صدای گرگ که از بره می‌کند تقلید | درون گله چوپان نابکار که گفتم
ز بیم جان همه رفتند و خود نهان کردند | ز جور چوبه دار و ز سنگسار که گفتم
امیدشان همه آنست تا کسی از چاه | برون شتابد و گردیده آشکار که گفتم
پرنده در قفسی حبس بود و ما غافل | کسی نرفت شعاری دهد شعار که گفتم
هزار صحنه از این ماجرا به دفتر تاریخ | نوشته شد و منم یک ز صد هزار که گفتم
ز بیقراری نوشا دلم گرفت و غمین شد | چرا نگفت کلامی باختصار که گفتم

«تقدیم به استاد نوشا ذکائی»
«از پروفسور کاظم فتحی»

«نابودی راستی و درستی»

چه شد که مهر و وفا رخت بست از ایران   چه شد که ریشه گفتار نیک شد ویران

چه شد که علت رفتار نیک پنهان شد   چه شد که نحوه پندار نیک گشته نهان

چرا که مردم ما راستی نمی‌دانند   چرا دروغ فزون شد ز راستی آسان

کجاست همت و مردانگی و عصمت و رحم   کجاست مهر و صفا عشق و عفت و ایمان

صفا و مروه مدینه ابهت کعبه   دمشق و کوفه و مکه به زیر پای دوان

عرب سواره نظام و به دست پرچم ظلم   گرسنه پارسیان از برای لقمه نان

مگر نبود عدالت در این سرای بزرگ   مگر نبود سخاوت زعادت مردان

بیا به داخل و بنگر که نیست چشم امید   به هیچ محکمه و قاضی و بر آن دیوان

بریز جام شراب و بنوش از آن ساقی   پیاله پر شده از اشک دیده گریان

شراب من همه از اشک و گریه ساقی است   که ساغرش بشکستیم اندر این دوران

«به یاد روز زندان مصدق»

خزیده گوشه زندان دلاوری پیر است		مصدق است که او اهل علم و تدبیر است
کسی که ثروت ایران به کشورش آورد		چه خوب کرد و همان مستحق تقدیر است
کسی که نفت ز بیگانه پس گرفت چرا		کنون ضعیف و نحیف چرا زمین گیر است
چرا که رفته به زندان در این کهولت عمر		بگو به من چه گناهی کدام تقصیر است
نبود در پی غصب مقام و تاج کیان		فقط به شاه بگویید حیله تزویر است
از انگلیس بپرسید جرم آنان چیست؟		به ملتی که فقیر است این چه تحقیر است
نه روسیم و نه چینی وزان عرب بیزار		دلم ز غصه پر است و زمانه تصویر است
از انگلیس که قدرت بر این جهان دارد		تمام ظلم و ستم‌های او به تفسیر است
مخور تو گول چنین غول وحشت‌افزا را		مکن معامله با او مگو که تقدیر است
بشوی دست و زبان را از این گنه جانا		که عاقلان همه گویند وقت تطهیر است
به شب‌نشینی زندانیان برم حسرت		که نقل مجلسشان دانه‌های زنجیر است

«عشق گذران»

رفته‌است فشار خون بالا که چو شاهین باش   یعنی به تو می‌گوید آماده پایین باش

زنگ خطری باشد بر پیر و جوان یکجا   بیدار شوید از خواب یا در غم تلقین باش

هشیار بمان ای دوست آهنگ سفر داری   در این سفر آخر پروانه پروین باش

دیگر تو نخواهی دید دشت و دمن و صحرا   خورشید و مَه و اجرام آسوده ز تمکین باش

از صوت قناریها بلبل به غزل آید   در گوش تو ننشیند ناگفته ز تحسین باش

بردیم از این دنیا ناکامی و افسوسی   بی جامه روی آنجا آزاد ز توهین باش

گفتند سخن‌هایی دربارهٔ دین آئین   بشنو ز خدا گوید آزاد ز هر دین باش

وقتی که جدا میشد روح تو ز جسم تو   جسم و بدنت گویند با سورهٔ یاسین باش

در دهر مشو غافل از خدمت بیماران   یا در سفر عقبی همرنگ شیاطین باش

بی‌چاره نمی‌دانست هنگام دِرو آمد   در مزرعهٔ دنیا همچون گل نسرین باش

میلیون نفری رفتند در شهر فراموشان   زین نوبت بی‌معنا اندر پی آمین باش

۲۲

«اعدام ایران»

برای غصهٔ کشور چگونه پیر شدم

چرا ز باقی عمرم مرا فقط نامی است

من از تحمل این زندگانی پر درد

شدم شکسته برای تو این چه ایامی است

چو سبزه بود و گل و سنبل و صبا گلشن

در آن خیال که می در پیاله یا جامی است

تمام نیروی من خرج رنجهای تو شد

به انتظار که در راه عشق فرجامی است

بدون این که بدانم چه اشتباهی بود

در آن که عاقبت عشق قهر و ناکامی است

چنان که وارد مقصد شدم هزار افسوس

که مقصد و هوس آشیانه هم دامی است

دوباره در بر یاران خجل اسیر شدم

خدای من که چنین زندگی چه سرسامی است

اگر که دلبر نازم کنار من بودی

رسیده بودم بر هر چه بود پیغامی است

کنون که کشور من رفت و از نظر افتاد

به چشم عقل کبوتر که بر سر بامی است

به ناله آه کشیدم از این گذشتن عمر

که زندگی همه پوچ است و روزها شامی است

کجا روم به که گویم که کشورم چون بود

که آن چه داده حق بود قرض یا وامی است

مخور فریب عرب انگلیس چینی و روس

که در عدم ببرندت که آن هم اعدامی است

«طراران»

دزدان مملکت همه پابوس انگلیس — پابوس نه همه جاسوس انگلیس
سرکردگان قوم فقیرند و رشوه‌گیر — دنبال پول مفت به سالوس انگلیس
هستند جیره‌خوار جدید و قدیم او — بردند پول ملت و مأیوس از انگلیس
ناموس خود نهفته به زیر عبا و شال — ناموس بانوان همه ملموس انگلیس
لندن بهشت اوست برای رضای نفس — خانم بدون مقنعه شده طاووس انگلیس
چندین صباح بود مصدق حریف او — آن دوره بود دورهٔ افسوس انگلیس
در خانه نیست شمع و چراغی برای ما — او در بغل فشرده فانوس انگلیس
تقصیر ماست بر سر ما آنچه آمده است — ما بی‌خبر ز حیله و کابوس انگلیس
گر بنگریم کار رجال قدیم را — بودند دسته‌ای همه دیوث انگلیس
پرهیز کن تو از مرض مسری جهان — یا از تمام میکروب و ویروس انگلیس

«بوسهٔ نوزاد به مادر»

کودکی تازه به دنیا آمد از لب مادر خود نوش گرفت
بوسه زد بر لب مادر به چه ناز از سر من به خدا هوش گرفت
گفتم این کودک نوزاد چرا مزهٔ عشق از آغوش گرفت
شاید او در پی پستان باشد که لب مادر خود جوش گرفت
وه چه زیبا و هوس‌انگیز است که لب و صورت و ابروش گرفت
یاد می‌داد خداوند به او او هم آن پند خدا گوش گرفت
مهر مادر که فزون شد بر آن دیدم آن را که شب دوش گرفت
حلقه زد پنجهٔ مادر به سرش بوسه‌ها از دو بناگوش گرفت

«ما و «من»»

مولوی در شعر خود هفتاد «من» آورده است   این چه اعجازیست «من» را نزد «من» آورده است

مثنوی گوید که آن هفتاد «من» کاغذ شود   سال‌ها بایست تا یک شاخه تاکی رَز شود

مولوی گوید کجا رنگ سیه ابیض شود   تا بدانی مثنوی هفتاد «من» کاغذ شود

او ز «ما» و «من» فقط «من» را ستایش می‌کند   جای «من» «ما» را بگو او از تو خواهش می‌کند

پند گیر و یاد گیر و کار بند   تا نیفتی بی‌سبب در دام و بند

«من» همه هیچ است و «ما» را یاد باش   در سخن از «ما» بگو هشیار باش

گرچه او با «من» سخن آغاز کرد   لیک در این شعر خود اعجاز کرد

«من» که درس عبرت از او می‌برم   بی‌سوادان را هم از رو می‌برم

شعرهای مولوی با ابتکار   «من» به او کردم همیشه افتخار

وه که این مرد هنرمند قوی پندها داده است و نامش مولوی

تاک: شاخهٔ انگور یا مو
رَز: انگور
ابیض: سفید

«به مناسبت امضای کتاب»

دوستان من آمدم اینجا کتاب امضا کنم بهر یاران عزیز و با وفا امضا کنم
ادعایی هم ندارم شاعرم یا نیستم هدیهٔ ناقابلی را بر شما اهدا کنم
سال‌ها در این زمین مشگ‌بیز آواره‌ام از وطن دورم کجا آن را دگر پیدا کنم
جوخه‌ای بردند و چاپیدند مال مردمان این چه قانونی است یا من با چه کس دعوا کنم
دوستان این نیست رسم دوستی با یکدگر باش یک‌رو با رفیقان تا عدو رسوا کنم
«روز مادر» آمدی اینجا که ممنون توام راستی تبریک بر آن مادر یکتا کنم
از حمید و ناصر و یار قدیمم مجتبی وز تمام دوستان ممنون در این مأوا کنم
از تمام بانوان زحمت کشیده آمدند قدردانی کرده و با بوسه‌ای ابقا کنم
دوستان این شهر زیبا پُر چراغ و در قمار کی گذارد در شب شعری روم رویا کنم
در کازینو از موزیک و وز قمار و هرزگی پُر شده این شهر کی شعری در آن اجرا کنم
دوستان در بازی و تفریح و گردش دور شهر کس ندارد وقت تا درس ادب برپا کنم
خادم ایرانم و پروردهٔ آن آب و خاک ساکن این شهر و دائم شعر را نجوا کنم

بس که نوشیدم شراب از کوزهٔ خیام مست
حال من کفاره می‌بخشم که آن افشا کنم

راستی جانا همین امروز یادت بوده‌ام
تا که در امروز باشد نی که من فردا کنم

شعرهای من رباعی یا غزل یا داستان
هر چه باشد انتقادی از ته دل‌ها کنم

مردم ما خوب یا بد هرچه می‌خواهی بگو
لیک قربان شما من مهر را پویا کنم

جمله در نزدِ منِ آوارهٔ بی‌اعتبار
همچنان مرغ سحر با صوت آن گلپا کنم

وقت آن باشد که آزادی مگر پیدا شود
تا که من آن آرزو را در دلم انشا کنم

می‌پذیرم دوستان را جمله با هر مذهبی
یا مسلمان یا یهودی، عیسوی ابها کنم

هر که باشد گبر و ترسا، هندی و بوداپرست
یا که بی‌مذهب من او را عزتی والا کنم

من که حق را می‌پرستم با بشر یار ندیم
آدمیت شیوهٔ من در جهان رخشا کنم

قدر هر دم را بدان و فکر مثبت را بخوان
دور از جنگ و جدل هر گوشهٔ دنیا کنم

تابدانی این قصیده یا غزل هم ماندنی است
من برایش صد دعا در عرش اعلی جا کنم

«روز جوانی»

کیه اون که خوب بدونه
منو برگردونه امروز به همون روز جوانی
بتونه که قدرتی ده
به من و به زندگانی
اگه دست و پام ضعیفه
هنوزم دلم بیداره
بامید عشق و شادی
به شفای ناتوانی
فقط آرزوم همینه که تو در جهان فانی
با همون عشق خدایی همه عمر زنده مانی
ای دل غافل
ای دل غافل
تو چه می‌دونستی دیروز
که خدا برات چی داره
که رسیده‌ای بمنزل
هنوزم بارون می‌باره
چه زنیم داد و غوغا
بزبان بی‌زبانی
فقط آرزوم همینه که تو در جهان فانی
بامید عشق و شادی همه عمر زنده مانی
فلک از من و تو هر دم
دل تیکه پاره داره
میاد و بازم می‌پرسه
چرا عاشقی دوباره
فقط اون خدا میدونه که چه سختی‌ها کشیدم
تا تو رو بدست آوردم تا به آرزوم رسیدم
حالا موندم تک و تنها توی این خرابه لونه
کسی نیست ازم بپرسه کی بودم در این زمونه
اگه تو دوای دردو میدونی بگو ببینم
تا ازون لبای خندون گل بوسه رو بچینم
فقط آرزوم همینه که در این جهان فانی
با همون عشق خدایی همه عمر زنده مانی

«رویای دل»

همه عمر مویه کردم به امید شادمانی که به کلبه‌ام بیایی و شبی بَرَم بمانی

نفسی اگر برآمد هوس تو بود یکسر که نبود در تو هرگز هوسی به زندگانی

دل من طپید و لرزید از آن نگاه تیزت که ز اخگر نگاهت ندهد به من امانی

ز نگاه خشمگین‌ات دل من به ترس آمد که خدا نکرده هرگز ز نظر مرا نرانی

به امید زندگانی چو به بسترت خزیدم نشدی تو شاد و رفتی ز بَرَم دمی نهانی

غم و نالهٔ دلم را به می و پیاله گفتم چه شود که باز گردد به من و به میهمانی

همه آرزو هدر شد به امید آن پری رو به تصوری که کردی ز خیال و بدگمانی

به دل حزینم امشب چو به ناله راز گفتم که هدر شد آن جوانی که هدر شد آن جوانی

به صبا پیام دادم که چو قاصدک رساند به نگار بی‌وفایم خبری ز جانفشانی

اگر عشق مانده باشد به دلت در این زمانه لب و گونه‌ات ببوسم به امید مهربانی

تو بدان که نقش مردم همه زندگی نباشد که فقط تو را پسندند برای کامرانی

«به مناسبت عروسی درانگلستان»

عروسی بود در لندن برای دختری ساده   که می‌شد او عروس یک پسر کو بود شهزاده

پسر فرزند دایانا که رفت از این جهان یکسر   نبود آسوده در قصر و تصادف کرد در جاده

دایانا خانمی فهمیده و یار ضعیفان شد   چه خدمت‌ها نمود او بر یتیم و مرد افتاده

به‌عمرش خواست تاخدمت کندبربینواعریان   برای امر خیر استاده بود و باز آماده

پسر در آن زمان کودک، ز مادرشد جدایکسر   دایانا رفت از این دنیا و فرزندش چه دلشاده

عروس از کشور آمریک جه زیباوچه دلبندی   که می‌بوسید او را در شب عقد و به کف باده

پسر باید بداند مردمش ظلم و ستم کردند   به کشورهای دور و مردمی مفلک، عقب‌مانده

بداند کشورش می‌داد پول مفت بر ملا   بداند کار خوبی نیست بر او سیم و زر داده

درست است این که کار او نبود و مادر نازش   ولی باید بداند او که کار زشت اجداده

همه سیم و زر هند و طلا و نفت ایران را   بدزدیدند از ایران و گفتند آن خدا داده

خدایا رحم کن بر کشور ایران و ایرانی   که او را نیست دیگر قدرتی با این عدوزاده

در ایران هم همان ملا چپاول کرد ملت را   به نام مذهب و دین گول زد ما را به سجاده

۳۱

«گل در آب اوفتاده»

گلم افتاد از دستم به روی رود پهناور
به یک دم تا نظر کردم گلم را بُرد از پیشم

چرا این رود سنگین‌دل گلم را در بغل افشرد
چرا بیهوده بُرد آن گل، چرا یکباره زد نیشم

چو آب تندرو در بر گرفت آن دلبر زیبا
به این تندی چرا افروخت آتش در دل ریشم

گلم پرپر در آب و چهره‌ام افروخت چون آذر
چو خاکستر از آتش سوختم تا برد از خویشم

گل زیبا و محبوبم به دریا ریخت بی‌معنا
از آن زجر و از آن سختی فرامُش شد ره کیشم

کجا یابم من آن گل را که رفت از دیده‌ام یکدم
نمی‌دانم چه اندیشم و یا بر گل نیاندیشم

سرم افتاد در گردش دلم لرزید در جایش
نمی‌دانم کجا چون شد همی دانم که درویشم

فقط سوز دلم داند دلم دیگر نمی‌داند
که او رفت و منِ مجنون هنوزم چون در او یشم

«شعر زیبا»

شعر زیبا همه آن است که معنا دارد چشم زیبا همه آن است که عنقا دارد
روی زیبا به مثال پَرِ طاووس قشنگ تن زیبا همه آن است که رعنا دارد
اشک می‌ریزد از آن دیدهٔ غمگین عاشق همچو رودیست که اندیشه به دریا دارد
آفتاب است که اندر همه عالم پیدا بی‌سبب نیست که در عرش خدا جا دارد
او که می‌خندد و گرم است در این وادی دهر در سماوات کران منزل و مأوا دارد
او که سربسته بگویم سخن‌اش پوچ و تهی است با کلام و ادب و دانش دعوا دارد
تا به باغ ادب و علم نرفته است هنوز در گلستان هوس رفتن صحرا دارد
شعر باید که به دل‌ها بنشیند یک سر همچو سیم و زر در دکهٔ بابا دارد
همه از عشق بگوید که چه شیرین سخنی است شعر زیبا چه نباتی به لب ما دارد
شعر حافظ همه عشق است بر او خُرده مگیر همچو نوریست که هر گوشهٔ دنیا دارد
من هم از عشق سخن گفتم و گفتم ای کاش تا به دل‌ها بنشیند چه ثمرها دارد

«هجر و قهر»

روز و شبان به درد تو من گوش می‌کنم   رنج و غم زمانه فراموش می‌کنم

بیمار و خسته‌دل به حضورت گریستم   آنقدر تا که روح تو مدهوش می‌کنم

در پای بوته‌ای که هنوزم گلی نداشت   بنشسته‌ام که تا قدحی نوش می‌کنم

آلام این دلم همه از هجر و قهر بود   مستانه پیکر تو در آغوش می‌کنم

مجنونم از زمانه و مردان این دیار   اکنون به یاد عشق شب دوش می‌کنم

وقتی که رنج‌ها به دل من هوار شد   بر روی آن همه گله سرپوش می‌کنم

روزی برای راحتی قلب بی‌قرار   خود را به عطر و بوی تو بی‌هوش می‌کنم

آزاده‌ام برای نصیحت که می‌دهی   ممنونم از تو پند تو را گوش می‌کنم

آن آتشی که در دل من شعله می‌کشد   با آب دیدگان تو خاموش می‌کنم

«درد یار»

دردا که درد یار امانم نمی‌دهد   در شام تار مهلت خوابم نمی‌دهد

هرچند ناله کردم و گفتم مرو، مرو   بیهوده بود و یار جوابم نمی‌دهد

از تشنگی کنار چشمهٔ دنیا گریستم   اما که چشمه قطرهٔ آبم نمی‌دهد

رفتم به میکده که شوم مست از شراب   ساقی کنایه گفت شرابم نمی‌دهد

مأیوس از همه با درد و غم شریک   کس مرهمی به حال خرابم نمی‌دهد

دل را زدم به آب و نشستم به روی موج   دریا ز موج خسته حبابم نمی‌دهد

رؤیا گزیده‌ایم به سرمنزل امید   حتی خیال، راه سرابم نمی‌دهد

از خود گذشته قصد سفر کردم از زمان   افسوس یار بند و طنابم نمی‌دهد

گفتند خودکشی نبود چارهٔ غمت   آن هم گناه شد که صوابم نمی‌دهد

گفتند چنگ و نی که علاج غم دل است   مطرب چرا که چنگ و رُبابم نمی‌دهد

تفریح ما همیشه شراب و کباب بود   دیگر کسی شراب و کبابم نمی‌دهد

دنیا خراب شد به سَرِ مرد بی‌گناه   دنیای دون که صبر و عتابم نمی‌دهد

بگذر از این مقوله که یار تو یار نیست   یار دگر شوم که عذابم نمی‌دهد

با این شکسته دست و قلم نیست کاغذی   شرح حدیث را به کتابم نمی‌دهد

«به دوستم ناصر رستگارنژاد»

ناصر چرا غمین شدی از کار خویشتن　　بنگر عقب ببین همه آثار خویشتن
آنجا تو بودی و همه او بود در کنار　　اکنون شدی تک و تنها، بیمار خویشتن
رفتی و سر به روی مزارش گذاشتی　　بی‌خود شدی ز گریهٔ خونبار خویشتن
او بچه بود و به جنگ و جدل مدام　　از کار خویش راضی و پیکار خویشتن
اما تو مهربان و پدرواره، خوش سخن　　گفتی که قهر نیست سزاوار خویشتن
وقتی که گفت چرا یار هم شُدید　　گفتی ز ساده لوحی بسیار خویشتن
او هم تصورات غلط داشت از شما　　او معتقد به خود شد و افکار خویشتن
از شعر و شاعری بری شده‌ای مرد باهنر　　آتش مزن به آن قریحه و اسرار خویشتن
ناصر تویی ستارهٔ رخشان آسمان　　سالم بمان، مباش در آزار خویشتن
آن خاطراتِ خوب ز یارت به یار آر　　بهتر بود که ضربه زنی یار خویشتن

«درب بسته»

هر چند در زدم کسی اندر سرا نبود   نگشاد در سر و سودا صدا نبود

پیداست کس نبود در آن خانه آن زمان   یا بود و مایلِ دیدار ما نبود

هر درب خانه‌ای که فرو بسته شد، بدان   آن مَحبس است بهر من و تو فضا نبود

درهای بسته را همه ایراد جایز است   در داخلش محبت و مهر و وفا نبود

گویند در ببند، ز دزدان نابکار   داخل شوند و دزدی آنان روا نبود

گویم چرا بشر به بشر ظلم می‌کند   دزدی چرا که خانهٔ بیع و شرا نبود

مرد شریف خانهٔ مردم نمی‌برد   او صادق است و جدا از خدا نبود

در خانه‌ای که مهر خداوند حاکم است   تسبیح و جانماز و چادر و شال و عبا نبود

در را تو باز کن که دلم در هوای توست   نور خدا به خانهٔ یاران خطا نبود

من درب خانه را به روی شما باز می‌کنم   جانا بیا، وجود تو اینجا چرا نبود

۳۷

«آینه چه می گوید»

تصویر خود در آینه دیدم گریستم
گفتم که نیست مثل من این‌ها که نیستم

آینه گفت این تویی ای مظهر صفا
گفتم کجا منم که ندانم که کیستم

سالی گذشت و چهره جوان بود و پیر شد
شاید که سال‌ها به عبث بود زیستم

از تار و پود جامه دنیا چه بهره برد
نی جامه دوختم نه کلافی که ریستم

افسوس چهره‌ام ز حوانی نشان نداشت
من سوختم هدر شده بی‌مایه چیستم

***

من حس خستگی و کسالت نمی‌کنم
از دهر ادعای خسارت نمی‌کنم

از آن چه آمده است و گذشته است بی‌خبر
از درد روزگار حکایت نمی‌کنم

مردم گناهکار و دَغَل‌پیشه گشته‌اند
از آن گروه دزد شگایت نمی‌کنم

در دیدگان من همه انوار مثبت است
یاد گذشته یا که صباوت نمی‌کنم

بر درد مردمان همه واقف‌ترم کنون
من در طبابت کار وزارت نمی‌کنم

***

گرمحرمی‌بدان که‌رازمن‌اکنون‌نه‌رازاوست   در هرمقام و منزلتی حق پناه جوست
آسان مگیر این همه مهر و وفای دوست   این لطف و دوستی که فقط ارمغان اوست
او کردگار عالم و فرماندهٔ زمین   یا ناخدای کشتی پنهان آرزوست
فرصت شمار رحمت او را شبانه‌روز   قدرش‌بدان که‌رحمت‌اومی‌رسدبه‌دوست
خُرده مگیر بر وی و بر آفریدگار   پنهان مکن که راز بقای من اوست اوست

***

تصویر من در آینه هرچند بدنماست   تصویر حق در آینهٔ دهر در خفاست
مردم در آینه‌ها باز بنگرید   تصویرها همان نَوَسانات چهره‌ها است
روزی چو گل به باغ طراوت دهی تمام   روزی‌رسد که‌فصل خزان گل‌به‌زیر پاست
گاهی تو غنچه‌ای که به بُستان دهی نشاط   گاهی چو بوتهٔ خاری افتاده در سراست
فریاد می‌زنم که چرا این عمل رواست   یا آه می‌کشم که همه کار کبریاست

«آرزو گم کرده»

دلم می‌خواست در دنیا طرفدار زنان باشم هوادار یتیم و مردمان بی‌مکان باشم
محبت را ببوسم مهربانی را ستایشگر به عالم مردمان را چون فروغ آسمان باشم
سخن از سنگسار و دار و زندان را بریزم دور به مغز ظالم بی‌عقل چون تیر و کمان باشم
به باورهای مردم بنگرم با احترامی خاص دورویی، بدگمانی را بسوزم در امان باشم
به هر اندیشه‌ای خوب است یا بد، زشت یا زیبا توجه کرده و در حفظ آن‌ها پاسبان باشم
خدا را می‌پرستم آن خدای عشق و زیبایی نه‌ظلم‌وشتم‌وبی‌رحمی، دعاکن‌مهربان‌باشم
چرا جنگ و چرا دعوا، بشر را با بشر بی‌جا چرادردوچراماتم، چومرحم‌درجهان‌باشم
خدا را می‌کنم شاهد که من از کینه بیزارم دلم‌پاکیزوصاف‌است، خواهم‌درجنان‌باشم
کجا شد فصل‌های خوب، اندر سال‌های ما بهارم من، چرا باید که در فصل خزان باشم
به‌بُستان‌غنچه‌ای‌بودم، گلی‌زیباوعطرآگین کنون پرپربه زیر پاکه می‌کوشم جوان‌باشم
محبت، مهربانی، عفو، بخشش گشته کار من فقط من آرزو دارم که سرمشق بدان باشم
مزن فریاد در دهر و مگو از دوست بدگویی چرا توهین، چرا دعوا، چرا داد و فغان باشم
«کی‌ام‌من آرزوگم کرده‌ای‌تنهاوسرگردان» خداوندا مدد کن مردمان را ارمغان باشم
به‌جای‌خودپرستی، خودستایی، خودثناگویی روان را پاک کن از کینه تا با سروران باشم
پذیرا باش اندرزم که چون آتش دهد گرما دلم‌می‌خواست‌چون‌کوهی‌همه‌آتشفشان‌باشم

«بشردوستی یا بشرکُشی»

سال‌ها پیش جمعی از فقرا   کوچ کردند سوی آمریکا
اکثراً بی‌اجازه و مدرک   خانه کردند کشور ما را
همه از بهر نان و کار و غذا   شده سربار مردم اینجا
همه پُرکار و انرژی و زور   کار کردند سخت و بی‌پروا
وقت وارد شدن به این کشور   عده‌ای هم تلف شدند و فنا
عده‌ای غرقه گشته در رود و   عدهٔ دیگری سَقَط ز هوا
در بیابان گرم و سوزانی   نه غذا و نه آب و نی که دوا
عده‌ای کشته شد دَمِ سرحد   دست بی‌رحم افسر و دزدا
این همه لات و لوت مکزیکی   ریختند اندرین سرای خدا
همه‌در‌جِدّ‌و‌جهد‌و‌کوشش‌و‌کار   بهر یک لقنه نان در این گرما
او ندانست راه و رسم و زبان   نپسندید لهجهٔ مارا
تا که فرزندشان به مدرسه رفت   هیچ کس را نبود شرم و حیا
بعد از آن ازدواج‌ها آمد   کودکان یک به یک در این دنیا
کودکان در مدارس و یکسر   درس خواندند و باز شد درها
همهٔ کودکان و فرزندان   تازه گشتند مرد آمریکا

حال قانون عوض شده است	نیست جایی برای مادرها
غیر فرزند کاو تواند زیست	همه باید روند از اینجا
به سوی کشور قدیمی خویش	نفروزند حیله و شرها
پدر و مادر از جدایی خود	با عزیزان چه کرده‌اند چرا
دولت اصرار دارد این کودک	می‌توان رفت پیش مادرها
با پدر مادر خودش باشد	که‌خداحافظی‌است‌وبس‌غوغا
بعد از این سال‌ها چرا باید	کرد این خانواده را رسوا
یا جدا کرد مادر و فرزند	از هم اندر سرای عشق و صفا
وای بر ایدهٔ کثیف ترامپ	وای بر مردمان بی‌تقوا
این بشردوستی بشرکُشی است	گفت آن کردگار بی‌همتا
تو چگونه جواب خواهی داد	روز محشر به ایزد دانا
باش تا صبح دولتت بدمد	تا بدانی ز دُنیی و عُقبی

«زلف پریشان»

«پریشان کن سَرِ زلف سیاهت شانه‌اش با من» دلم افتاده در دام تو، آه و ناله‌اش با من
دلم گفتا که بگذار و برو بگذر از این گیسو بگفتم مرغ دل گوید که آب و دانه‌اش با من
سَرِ جعد دو گیسو تاب داده، روح پرورده کجا دل می‌تواند رست از این ماجرا، افسانه‌اش با من
سر زلف تو تا پیچید دور گردن عاشق به شادی می‌طپد قلبم می و پیمانه‌اش با من
شب تاریک و گیسوی سیاه و قامتی موزون من او را دوست می‌دارم لب دُردانه‌اش با من
بزن شانه بر آن گیسو شب و روز و مَه و سالی که پرپر می‌کند گل‌ها، رَهِ گلخانه‌اش با من
چو دیدم شمع می‌سوزد در آن تاریکی گیسو بدو گفتم بسوز و گردش پروانه‌اش با من
چو دیدم پیکر پروانه می‌سوزد در آن آتش بدو گفتم مسوزان پیکر جانانه‌اش با من
بریزم اشک، چون بیگانه بینم با تو در بُستان بدورش کن ز خود دردسرِ بیگانه‌اش با من
تو گیسو کرده‌ای ویران چو جان مادر آن ایران بدور انداز ظلم و حسرت ویرانه‌اش با من

«ندانم نتوانم»

من ندانم چو ندانم که ندانم که ندانم　　دوری و هجر تو را بیش تحمّل نتوانم
من که دانم نتوانم ز توانم نتوانم　　صبر کردن ز رقیبم که دل سخت تو را باز ستانم
من نگویم که نگویم چو نگویم که نگویم　　که ز عشق تو چه آمد به سر روح و روانم
وه چه رازی که بگویم ز چه گویم به که گویم　　که تویی از ازل آن عشق که آمد به سراغم
من نبینم ز چه بینم چو نبینم که نبینم　　دست در دست دگر داری و از خویش مرانم
تو چه دانی که ندانی چو ندانی که ندانی　　که من امروز ز پیری به نظر خم چو کمانم
تو شنیدی که شنیدی چه شنیدی چه شنیدی　　که مرا پیر نمودی ز هوس‌های نهانم
تو چه بویی ز چه بویی که چه بویی که چه بویی　　که ز بوی نَفَس تو غمم از دل برهانم
ز چه گویی که نگریم ز که گریم ز که گریم　　که دلم خون شد از این غصه که نزد تو نمانم
من ندانم نتوانم ز چه گریم ز که گریم　　که ندانستی و رفتی چو ندانستم و ماندم

«تاریخچهٔ شب شعر لاس‌وگاس»

بشنو این اندرزها را نازنین — بچه‌های خوشگل ایران زمین
ما شب شعری در اینجا داشتیم — سال‌ها زحمت کشیده کاشتیم
روز اول صد نفر مهمان شدند — شام دادیم و همه شادان شدند
من خودم بودم رئیس انجمن — راست می‌گفتم به هر کس مرد و زن
مهربان بودم بر آن ایرانیان — جمع کردم جمله را در یک مکان
بعد سالی عضوی از اعضای مرد — رفت پشت میکروفن اعلام کرد
دوستان اینجا هزاران خرج هست — بیمه و مسکن، غذا و هرچه هست
یک نفر زحمت کشیده یک نَفَس — بعد از این شهریه باید داد و بس
یک نفر جور شما را می‌کشد — لیک افتاده میان این قفس
پس ورودی بهر هرکس یک دلار — دست بالا رفت از گوشه کنار
که چگونه این مخارج جایز است — او که ثروتمند گشته حائز است
الغَرَض جنگ و جَدَل بالا گرفت — من پریدم در وسط گفتم چه زشت
گفتم این ایرانی پُر مدّعا — باج باید داد بر آن‌ها چرا
ادعای مردم از من بیش بود — هرچه کردم در عوض تشویش بود
دیدم آن خرج و همین شعر و صفا — نیست لایق باز از بهر شما
بعدِ چندین بار قال و قیل شد — آن شبِ شعر هم دگر تعطیل شد
بعدِ ده سالی یکی مرد از وطن — آمده در شهر بر دیدار من
گفت من هم عاشق آن کشورم — دوست دارم شعر و آن را از بَرَم

۴۵

گفتم ای یارِ عزیزِ پُربها — من کمک‌ها می‌کنم باشد بیا
رفت از دنیا کنون آن یار نیست — غصه خوردن از برایش عار نیست
باز در اینجا بساطی جور شد — یک شبِ شعر دگر مقدور شد
بعد چندی یک شب دیگر رسید — این شبِ شعرِ جدید آمد پدید
حال اینجا هرکه آید بین ما — سکّه‌ای انداخت در صندوقِ ما
من نمی‌خواهم که گیرم انتقاد — لیک از برنامه دارم من زیاد
وقت کم، جا کم، سخن‌ها مختصر — من نمی‌دانم چه دارد این اثر
شعرها کوتاه و نازک چون فنر — شعرها ناقص، زمان کم ای پسر
بهر هر کس وقت کافی لازم است — یا که یک اقدام وافی لازم است
آن سخندانِ سخنور خسته شد — چون که راهِ گفتگوها بسته شد
تنگِ گوشم آن چنین گوید رئیس — وقت کم داریم کم گو از پلیس
یا مگر قحط است سالن‌های شهر — یا مگر هستیم در کوه و کمر
شهر واگاس مرکزِ جشن و قمار — سالن اندر سالن است اینجا شمار
تو برو در شهر خود اقدام کن — گر ندیدی آن مکان انکار کن
ماه یک‌بار و دو ساعت خوب نیست — در وسط هم چای و شیرینی ز چیست؟
پرچم ایران و ایرانی کجاست؟ — آن سرود خوب یزدانی کجاست؟
این شبِ شعر است یا مهمانی است — گفتگویی از ادب پنهانی است
شعر و موسیقی چه زیبا می‌شود — فهم آن‌ها در همین جا می‌شود

تار و تنبور و دف و نی ماندنی است	گفتگو با آن ویلن گفتنی است
ما به موسیقی چو عادت داشتیم	با هنرمندان عبادت داشتیم
تا که ملّا آمد و ممنوع کرد	قلب ما را بی‌سبب مجروح کرد
دعوت از هر عالمی اینجا رواست	درس خواندن، یاد دادن کیمیا است
عالمان، اندیشمندان، رادها	این همه دانش پژوه، استادها
هر که در هر رشته مشغول است او	یا تخصص دیده مقبول است او
یا همان کارش چو خدمت می‌کند	از برای ما و ملّت می‌کند
قابل تبریک و تمجید است او	مرجع تحسین و تقلید است او
درس خواندن، کار کردن عار نیست	این سخن زیبا است، کارِ زار نیست
حال کوته می‌کنم من این سخن	ای برادر نیست این‌ها انجمن
شرکت مردم در اینجا لازم است	مردِ آزادی است نامش کاظم است
کاظمِ فتحی که این اشعار گفت	دُرّ زیبایی از این دریا بِسُفت
من فدای مردمِ خوبِ وطن	پس بگو ایرانِ من ایرانِ من
کشور من تا ابد آباد باد	زنده باد ایران دوباره زنده باد

«به مناسبت فروش جزیرهٔ کیش به چینی‌ها»

خبر رسید یکی مرد ناخلف با ریش — فروخت کشور ما را و آن جزیرهٔ کیش
به چین فروخته او منبع طلای وطن — فرو نموده به قلب من و تو صدها نیش
به عهدنامه نوشتند ربع قرن ولی — کجاست، کیست که گیرد جزیره را درویش
برای تجزیهٔ اوّل جزیره می‌میرد — سپس جزیرهٔ موسی و تُنب و هم تجریش
به پندهای همان انگلیس و روسیه — چه حیله‌ها چه خیانت که کرده‌اند از پیش
خلیج فارس به بین‌الملل مبّدل شد — برای مردم ایران هزارها تشویش
همین نظام و همین دستهٔ عرب در شهر — نداند آن که شما یک غریبه‌ای یا خویش
ز ظالمان نتوان داشت انتظار زیاد — کجاست راستی و پاکی و صداقت و کیش
چو برّه‌ها همه از گلّه نیست می‌گردند — که گُرگ گلّه همین است و در نظر چون میش
ز خواب ناز تو بیدار شو عزیز وطن — برون کن این همه خائن که وضع گشته پریش

«آب و گِل»

هیچ‌می‌دانی‌چراگُل‌هاظریف‌وخوشگل‌اند چون همه زائیده و پروردهٔ آب و گِل‌اند
آن درختان عظیم و سبزه و آن میوه‌ها گندم و جو یا برنج و لپّه کُلاً حاصل‌اند
از زمین از آب و گِل آمد پدید آن باغ‌ها وه چه زیبا عطر بوی باغ را هم حامل‌اند
چشم خود را باز کن اعجاز گُل‌ها را ببین صد هزاران آفرین باید که آن را قابل‌اند
من که دانم ارزشِ گُل‌های زیبای جهان من که دانم از لطافت از ظرافت کامل‌اند
بوی رُز بیدار می‌دارد حریف خفته را بوی‌آن‌هاعطرآن‌هاچون‌گُلاب‌وچون‌هِل‌اند
برخی از این بوته‌ها، گُل‌ها، دوای دردها در بیابان، کوه‌ها هم زعفران را عامل‌اند
کشتی و قایق، بَلَم زائیدهٔ چوب‌اند و بس میز و مبل و صندلی از چوب‌ها در محمل‌اند
پس‌بگواوکیست‌ازآب‌وگِل‌این‌گلشن‌سرشت او همان خالق که هم عادل بُوَد هم عاقل‌اند
لرزش برگ چنار و خندهٔ گل‌ها به ما عشوهٔ فوّاره پس این‌ها هم از اهل دل‌اند

«کربلای ایران»

ایران ما به خدا کربلا شده
بی‌آبی و عطش همه درد و بلا شده

مردم گرسنه تشنه چه فریاد می‌زنند
اندر جنوب ایران غوغا به پا شده

بنگر به شهرهای عظیم و تمیز ما
آن شهرهای خوب و منظّم چه‌ها شده

آن شهرها و همان مردمان نیک
بنگر چه بی‌سبب همه از هم جدا شده

تنها فُرات ایران، کارون سهمگین
آلوده گشته پُر زِ گِل و بی‌بها شده

آن لوله‌ها که آب رسانند بر کویت
یا بصره را ببین که چه سربار ما شده

بنگر فروخت کشور اجدادی مرا
آن بی‌صفت که مجری بیع و شرا شده

بردند ثروت و همه آداب خوب ما
کشتند بی‌سبب که جنایت چرا شده

الله و اکبری که بگفتند روز و شب
اکنون به بینوا و فقیران عطا شده

با شعبده، دروغ و تهمت چه‌ها نکرد
آن ظالم شقی که ز محبس رها شده

انصاف نیست ظلم و ستم‌های بی‌شمار
بر مردمان کشور ایران روا شده

برخیز و بَرکَن این پایه‌های ظلم
با نام دین که دزدی او برملا شده

«مهر آتشین»

امّید به مهر تو پشیمانم کرد
دریوزگی عشق پریشانم کرد

آن آتش عشق تو به خاموشی رفت
وان مهر تو رفت و زود پژمانم کرد

با صحبت خوب و عزّت و مهر و وفا
قلبم بفشرد و زود ناکامم کرد

تسلیم هوس شدم به ناچار و کنون
دیوانهٔ مهر دوست هم خامم کرد

کم‌کم به زبان خوش مرا اهلی کرد
بعداً چو پرنده‌ای که در دامم کرد

چون موم مرا به دست خود باز فشرد
افسوس ندانستم و او رامم کرد

دیگر چه شکایتی که من نقل کنم
با جملهٔ عشق درد و درمانم کرد

دیگر ز کلام عشق بیزار شدم
امروز به میل خویش بدنامم کرد

وقتی که دگر هیچ نماند از جانم
آشفته شدم راهی میدانم کرد

من هیچ گناهی به دلم راه نیافت
بیهوده یکی لکّه به دامانم کرد

مهری به دلم نماند و در خاطره‌ام
اکنون چه کنم دچار سرسامم کرد

گول و هوس عشوهٔ رعنا نخورید
او کیست؟ کجاست؟ شاد و آرامم کرد

«سورۀ قرآن»

بسم الله الرحمن الرحیم   بانام خدا که او کریم است و رحیم

الحمد لله رب العالمین   شکری به خدای هر دو عالم تقدیم

الرحمن الرحیم   مهر است و کریم

مالک یوم الدین   او صاحب روز دین و هم یاروندیم

ایاک نعبد و ایاک نستعین   ما ترا پرستیم و همان عقل سلیم

اهدنا الصراط المستقیم   ما را به ره راست هدایت چو حکیم

صراط الذین انعمت علیهم غیر المغضوب علیهم و الضالین

نی راه کسانی که برفتند و نبود آن ره دین، بودند وخیم

۵۲

«**گلریزان** از استاد شعر: **نوشا ذکائی**»

به دوست دانشمندم پروفسور «کاظم فتحی» طبیب ادیب،
با سپاس بسیار از دستحط مهرآمیز و وصول دیوان شعر «کلام آخر» که بسی خوش نقش و نگار با سروده‌های زیبا و دلنشین است، غزل «گلریزان» پیشکش می‌شود.

رسید خط و کتابِ «کلامِ آخرِ» تو	**رواست گُل بفشاند بهار بر سر تو**
ز بیت بیتِ غزلهای تو شدم سرمست	**ز باده، باد لبالب سبو و ساغر تو**
ز شور عشق و غمِ غربت و وطن یاری	**چه نکته‌ها که من آموختم ز دفتر تو**
چه نقش‌های بدیع و چه واژه‌های بلیغ	**نهاده آینه ماه در برابر تو**
عجب نباشد اگر سرورِ سپاهانی	**که قدر شهد شکسته است تُنگ شکّر تو**
در آسمان ادب نام کاظمِ فتحی است	**که یادگار بماند میان دفتر تو**
«کلامِ آخرِ» تو قطره‌ایست از دریا	**خدایرا، که نباشد کتابِ آخر تو**
به یاد مهر تو «نوشا» است ای ادیبِ طبیب	**بنازم آن دلِ بیدار و ادیب پرورِ تو**

چهارم تیرماه ۱۳۹۷ خورشیدی
۲۵ ژوئن ۲۰۱۸
نوشا ذکائی

«پیام چلچله‌ها»

بهار آمد و ما حرفی از بهار نگفتیم ترانه‌ای به بلندای زلفِ یار نگفتیم
هوای دل به نسیم پیاله تازه نکردیم قدح شکسته و از درد میگسار نگفتیم
صفای آینه را در شمار هیچ شمردیم گرفت خاطر و ما هیچ از غبار نگفتیم
ز بی‌وفایی یاران به شکوه لب نگشودیم ز ناحریفی این روز و روزگار نگفتیم
چو رود سبز که جاریست در کرانهٔ خاموش پیام چلچله‌ها را به شوره‌زار نگفتیم
چه لاله‌ها که شهیدِ هجومِ باد خزان شد ز داغداری این جمعِ بی‌شمار نگفتیم
در آن تلاطمِ دشمن نهادِ فتنه مشکوک ز حیله‌کاری آن گرگِ نابکار نگفتیم
ز بیم جان، چه بسا، ما زبان به کام کشیدیم ز حبس و سلسله و دار و سنگسار نگفتیم
در انتظار، که دستی مگر ز غیب برآید ز طُرفه‌بازی و ترفند آشکار نگفتیم
پرنده بود و قفس بود و هیچ کار نکردیم شعور بود و توان بود و جز شعار نگفتیم
هزار دفتر از این ماجرا به صفحهٔ تاریخ توان نوشت، ولی ما، یک از هزار نگفتیم
در این چمن به تماشا نشسته‌ایم چو «نوشا» ز بی‌قراری گل در کنار خار نگفتیم

نوشا ذکائی

«خدا، بهشت، جهنم»

(به زبان عام)

خدای من، خدای من که هستی — به من بگو خدای من چه هستی
همه میگن خدای مهربونی — خدا کنه تو شغل خود بمونی
اون کیه جرأت بکنه بد بگه — یا ازت ایراد بگیره رد بگه
این بنده‌ها چرا ازت می‌ترسن — جنّی می‌شن هی پا می‌شن می‌رقصن
ترسِ زیاد دارن از اون جهنّم — از اون جهنّمی که کردی سرهم
هیزم و قیر و آتیشِ فراوون — نه پنکه‌ای نه کولری تو سالون
هی می‌میرن دوباره زنده می‌شن — باز می‌سوزن ذغالِ اخته می‌شن
گناه‌شون خوردن اون شرابه — تو دنیا ممنوع، تو بهشت صوابه
توی بهشت بس که شراب زیاده — تو نهرا جاری شده مثلِ آبه
دور و ورت قلمون و حوری پُره — تو نهر آبم می‌خورن سُرسُره
میوه رسیده تو بهشت زیاده — درخت میوه همه جا تو جاده
با حوریا حال می‌کنن شب و روز — وه چه آتیش یاره و آتش افروز
زیر لحاف زنای مؤمن یک سر — قلمون میاد سراغشون بی‌خبر
چادر دیگه اونجا وجود نداره — مومنه لخت و عور شده دوباره
اونقدر که خوشگل شده اون ترکمون — فکر می‌کنه داره میره به شمرون
خدا هم اونجا زن و مرد رو می‌پّاد — که گیر ندن به یکدیگه با فریاد

باید بگن اونجا شتر سواریم   وسیلهٔ نقلیه که نداریم

باغای انگور همه جا فراوون   برای ساختن شراب چه آسون

ایراد گرفتن به خدا گناهه   خدا نرفته راهی رو بیراهه

کُراتِ دیگهٔ خدا به چرخش   کس نمی‌تونه برسه به گردش

روزا با حوری کار جنسی داریم   شب که میشه کارای سکسی داریم

وای چی بگم خسته شدم از این کار   از این همه عشوه و شور و اطوار

تو دنیا ما شبای جمعه نازیم   بقیهٔ شبا به سوز و سازیم

حاجی فقط جمعه می‌رفت به حموم   برای غسل جنسی و واسلوم

اینجا شب و روز توی نهر آبیم   شست‌وشو کرده بعد می‌ریم می‌خوابیم

اینجا فقط هزار تا حوری داره   جُم بخوری می‌پره روت دوباره

والا آدم خسته میشه از این کار   هی بری بالا و پایین به ناچار

داعشی‌ها دارن می‌رن جهنم   حال می‌کنن با ملاها یه عالم

خدا چرا شیطونو آفریده   برای چی حیوونو آفریده

حیوونا هم بهشت و دوزخ دارن؟   حوری و قلمون واسشون میارن؟

پشه و سوسک و عقرب و زرافه   هر شب می‌رن به رقص و دنس و کافه

سوسمار و مور و ملخم که داشتی   برای اونام آدم و حوا داشتی

درخت و گل، خرمن و این سبزه‌ها   جهنم و بهشت دارن ای خدا

میکروب و ویروس همین عالمو   تو ساختی تا هی بکشن آدمو

۵۶

عقلی که دادی به بشر چی کرده؟ بمب اتم ساخته و خیلی مَرده؟

یهو دو میلیون می‌کشه چه بی‌غم همونایی که خلق کردی با هم

بهشت و دوزخ دروغه به مولا هیچ‌کس ندیده اونجا رو تا حالا

حرفای ملاها همش چرنده یا دروغه یا این که خالی بنده

ماهی و زندگیش چقدر قشنگه نه دست‌شون توپه و نه تفنگه

اینا همه سواله، انتقاد نیس عقل بشر در حدّ اجتهاد نیس

خسته شدی وقتی که گشتی بیکار بازم سوال داریم برات یه خروار

«سال‌ها»

دلم گرفته از آن سال‌ها که یار تو بودم | به سادگی بنشستم در انتظار تو بودم

به پشت در بنشستم که قاصدی ز در آید | خبر ز یار بیارد که بی‌قرار تو بودم

اگر دقیقه‌ای از من، جدا شدی چه کشیدم | چراغ و روشنی شام‌های تار تو بودم

در آن زمان که جوان بودم و فرشتهٔ رؤیا | در اختیار تو بودم به لاله‌زار تو بودم

به ناله در قفس دل به گریه در هوس تو | بدی نکرده و صد بار شرمسار تو بودم

ستاره بود و شب و ماه و صورت مهتاب | کنار چشمه نشستم، به جویبار تو بودم

نکرده‌ای تو فرامُش همیشه می‌گفتی | که افتخار تو بودم که غمگسار تو بودم

چه سال‌ها که تلف شد، نشانه و هدف من | چه مدتی که به صد عُذر در کنار تو بودم

کنون که پیر شدم، هیچ دانی ای صیاد | که خود در آینه دیدم بسی فکار تو بودم

مکن شکایتی از من در این زمانهٔ کوته | که بگذرد همه چیز و من از دیار تو بودم

تمام دلبری تو، نگاه مهر و وفایت | چه خواهشی ز خدا شد که کامکار تو بودم

هنوزم از تَهِ دل، آرزو کنم که بمانی | همیشه یاد تو و فکر روزگار تو بودم

«طراران طریقت»

باید نوشت و گفت سرش را جدا کنیم   آن کس که گفت تا که تو را کد خدا کنیم

آن روزه و نماز و دعاها وسیله بود   تا پول نفت و آب و طلا را فنا کنیم

افتاده‌ایم کنج بیابان گرد و خاک   کس نیست تا شکایت آب و هوا کنیم

لغزیده زیر بوتهٔ خاری به التماس   تا قصه را بگوییم و دردی دوا کنیم

از مار می‌هراسیم و امروز بی‌سبب   ما را گزیده است امید شفا کنیم

روحم خبر نداشت از این ماجرا چرا   اکنون نشسته‌ایم چرا و چرا کنیم

وقتی که صاعقه همه می‌غرّد از غضب   برگو چگونه حملهٔ او را رها کنیم

امروز روز تسبیح و ورد و دعا نبود   بیچاره چاره کن که جفا را وفا کنیم

از فحش و ناسزا به مقامی نمی‌رسیم   جانت هدر شود که سخن برملا کنیم

بارت ببند و برکن از این قوم رهبری   دیگر مگو که رهبرم اینجا چه‌ها کنیم

سالی است دودمان بشر داده‌ای به باد   حیف است اگر دوباره تو را رهنما کنیم

رفت آفتاب پشت کوه و نخواندیم آن نماز   باید که ایستاده نماز قضا کنیم

«کشور ویرانه»

گفتم به خدا حدیث ایران را دوش / گفتا که خدا داند و می‌باش خموش
گفتم که ز بیت‌المال بردند همهٔ اموال / گفتا که منم شاهد، توقیف شد آن فی‌الحال
گفتم که خوراکی نیست از بهر فقیر اینجا / گفتا که رسم بر آن، خواهم کنمش رسوا
من شافع بیمارم من ناظر افکارم / من حامی بدبختان من داور دادارم
گفتم که برون کن این، شیاد از این کشور / بر من نظری انداخت با چهرهٔ خشم‌آور
گفتم که نباشد آب بر تشنه و برمن داد / گفتا که فروشندش بر بصره و در بغداد
گفتا که تو می‌دانی آن نقره، طلاها رفت؟ / گویند که می‌دادند بر طایفه‌ای بدبخت
گفتم که همه بیمار رفتند به درمانگاه / گفتا که در آن مرکز، مردند همه ناگاه
گویند که حیوانند زن‌ها چو خر و استر / برگو به من ای داور، او کیست به این باور
احمق‌تر از این موضوع نشنیده بُدم سالی / پس مغز همان ملّا باشد همه توخالی
آن مرشد ملعون هم مظلوم به کشتن داد / صدها جسد خونین از او به زمین افتاد
او کشت و به دار آویخت، صدها نفرِ عاقل / بیچاره نمی‌دانست خود شد به درک واصل
ای مردم بی‌یاور برخیز از آن بستر / روزیست که می‌باید روشن شود آن اخگر
این بچّه عرب‌ها را بسپار به بیگانه / تا باز به دور خود بینی دو سه پروانه
آن ثروت بی‌حد را پس گیر از این شیاد / آن را به فقیران ده تا باز شوند آزاد
آن تجزیهٔ کشور چون نیست پسندیده / از کار بدِ دولت کس نیست نرنجیده
از کیش مگو دیگر، قلب همه آزرده است / از پیش مگو دیگر، روح همه پژمرده است
دنیا به جلو می‌رفت هر روز چه جانانه / ایران به عقب رفته است، یک کشور ویرانه

«مجلس شورای ملی»

در مجلس شورا همهٔ عمر هدر شد   دیدی چه خبر شد
یک دسته نماینده که در سیر و سِیَر شد   دیدی چه خبر شد
تا حرف حسابی که زدی توپ و تشر شد   دیدی چه خبر شد
در صندلی‌اش خسته نماینده یه وَر شد   دیدی چه خبر شد
آبِ خواب نکرده به روی میز دمر شد   دیدی چه خبر شد
عمامه به سر چُرت زد و مدّ نظر شد   دیدی چه خبر شد
هر کس سخنی گفت از او دفع خطر شد   دیدی چه خبر شد
آن مفت‌خور چاق که در نفع و ضرر شد   دیدی چه خبر شد
هر ظلم و ستم هم همه از نوع بشر شد   دیدی چه خبر شد
هر کس که به رهبر زد او زیر نظر شد   دیدی چه خبر شد
بر او و به فامیل‌اش اعلام خطر شد   دیدی چه خبر شد
رهبر که سخن‌هایش همان پند پدر شد   دیدی چه خبر شد
آن شِکوهٔ بیمار که از درد کمر شد   دیدی چه خبر شد
بیمار نفهمید که از خون جگر شد   دیدی چه خبر شد
آن خانم فهمیده که او اهل هنر شد   دیدی چه خبر شد
گفتند که آن خانم در فکر سفر شد   دیدی چه خبر شد
آن مرشد ملعون که فقط چشم به در شد   دیدی چه خبر شد

گویند که آن ملعون در کوه و کمر شد   دیدی چه خبر شد
بیچاره ندانست که از آه سحر شد   دیدی چه خبر شد
تهدید ترامپ آنجا یکباره شرر شد   دیدی چه خبر شد
قیمت همه جا بالا بر شیر و شکر شد   دیدی چه خبر شد
هر سینه جلو آمد و یکباره سپر شد   دیدی چه خبر شد
اوضاع وطن ریخت به هم، بد ز بَتَر شد   دیدی چه خبر شد
از آب و غذا هیچ مگو زیر و زِبَر شد   دیدی چه خبر شد
در دست همه زجر کشان تیر و تبر شد   دیدی چه خبر شد
سیمای رئیس از همه سو قرص قمر شد   دیدی چه خبر شد
جست از سر جایش به مَثَل مثل فنر شد   دیدی چه خبر شد
آثار ندامت همه در چشم و بصر شد   دیدی چه خبر شد
از شِکوه و فریاد همه شهر خبر شد   دیدی چه خبر شد
تصمیم حسن باز به امّا و اگر شد   دیدی چه خبر شد
هر کس که کسی بود مجدّد سَرِ خر شد   دیدی چه خبر شد
آن دختر پوشیده دوباره یه پسر شد   دیدی چه خبر شد

«دکتر دندان‌پزشک، دارو، بیمارستان»

قیمت دندان و دندان‌ساز اینجا نابجا رفته بالا تا رسیده بر همان عرش علا

بی‌نوا، بی‌پول، بی‌یاور چگونه قادر است کس نمی‌داند چه نحوی بی‌نوا گیرد شفا

کو طبیب دیگری تا درد تو درمان کند آن زمان بگذشت و رفت آن شیوهٔ مهر و وفا

بی‌بضاعت گَر به گوری رفته باشد بهتر است تا به درمانگاه رفته تا کند دردش دوا

بهر یک دندان پوسیده که باید دور ریخت صد هزاران لیره باید داد بر دکتر چرا؟

کس ندارد بیمه تا تضمین کند آن خرج‌ها بهر دندان نیست بیمه، این چه وضعی است ای خدا

یا اگر خواهی که دندان جدیدی کاشتن خانه‌ات بفروش و پول بانک خود را کن فدا

گر تو خواهی کل دندانهات را تعمیر کرد هرچه داری در جهان پرتاب کن در زیر پا

یا که خواهی یک عصب را در بُنِ دندان کشی بعد از این جراحی کوچک شده عمرت فنا

صحبت از اصل طبابت نیست دیگر ای عزیز صحبت از امر تجارت هست برخیز و بیا

هر که را بینی دگر مایل به علم طب نشد یا که دندان‌ساز شد یا شد وکیل اغنیا

گر تو خواهی شکوه‌ای از او کنی قادر نه‌ای آن وکیل بی‌مروت می‌کند صد ادعا

کمترین مزدش نباشد کمتر از یک صد هزار کی توانی طاقت اورا بیاری مرحبا

گر که یک ملّا رود نزدیک یک دندان پزشک بی‌شک آید از مطب بیرون بدون آن عبا

یا که یک خانم رود با پالتوی خز در مطب پالتوی خز می‌رود یکباره دست دکترا

خانمی بی‌پول اما گردنش بند طلا آن طلا را می‌دهد یکباره جای پول‌ها

گر قلندر با قبا رفته در دندان‌پزشک / آمده بیرون ولی بی‌چاره آمد بی‌قبا

.وای بر احوال مردم با پزشک و با وکیل / هردو می‌چاپند هر روزه دلار از جیب ما

آنقدَر تعریف و تبلیغ و سخن‌های چرند / می‌دهد تحویل ما از بهر یک جو خنده‌ها

اوبه‌ما گوید که‌بعد از این عمل‌ها خنده‌است / می‌شود زیبا و زیبا جمله دندان شما

در عوض جیب تو خالی می‌شود از آن دلار / صد هزاران آفرین بر این روش‌های طلا

دکتر و داروگر و دندان‌پزشک آسوده‌اند / در پناه ثروت هنگفت در شهر شما

دولت بی‌عرضه قادر نیست تصحیح‌اش کند / قیمت دارو هزاران بار رفته بر هوا

دولت بی‌عرضه را باید که تعویض‌اش کنیم / تا به فکر مردمان باشد نه در ذکر و ثنا

ای خدا دانم که این فریادها در گوش تو / بی‌اثر باشد چو هستی شهروند امریکا

ثروت خود از کجا آورده است آن رهبرش / چون نداده مالیات پول‌ها را سال‌ها

پس برو ایران و درمان کن همه دندان خود / دزدی آن‌جا کم‌تر است از دزدی این دکترا

«برده‌ای رونق مسلمانی»

در مقام عظیم خود آنی	تو نمی‌دانی و نمی‌مانی
چارهٔ این همه خیانت‌ها	فقط این چند روزه مهمانی
صادقانه تذکّری دارم	نیست وقت تذکّر ثانی
زودتر جان خود رها گردان	تو اگر عاشق دل و جانی
سر تعظیم در برابر تو	ننمودیم و نیست انسانی
رحم بر هیچ کس نکردی تو	چه رفیق و چه دشمن خانی
تو زمین‌های مردمان خوردی	به دو صد حیله‌های شیطانی
آسمان ریسمان به هم زدی و	مال و اموال رفت و حیرانی
آفتاب از کجا درآمده بود	که تو را کرده بود نورانی
زحمت کارگر ربودی و رفت	آن چه داری نبوده ارزانی
رحم بر بینوا کجا کردی؟	بر گرسنه نداده‌ای نانی
ما ندانیم اهل ایرانی؟	یا فقط راه رهبری دانی
در عوض روز محشر است امروز	ثروت و آخرت شود فانی
امر خیری اگر کنارت بود	نشدی امر خیر را بانی
پس برو توبه کن که‌ وقت کم‌است	روز محشر مگر نمی‌دانی
دلم از دست کرده‌هات گرفت	نطق کردی و روضه می‌خوانی
هیچ دانی که در طریقت و دین	برده‌ای رونق مسلمانی

۶۵

«دوری و هجران»

باز یاد تو و یاد وطنم افتادم   یاد آن زخم زبان‌های زنم افتادم

او که می‌گفت مگر خانهٔ تو ایران نیست   یاد هر ضربه بر آن جان و تنم افتادم

اندر اینجا اثری نیست از آن شوکت و جاه   یاد ایرانِ کهن، بوم و برم افتادم

سر من درد گرفته است از این منفی‌جات   یاد آن شور و شررهای سرم افتادم

چشمم افتاد به هر سبزه و گل در راهم   باز یاد گل و خار و چمنم افتادم

خیره بر در که مگر دوستی آید به برم   یاد آن در به در همسفرم افتادم

تا نشستم به لب چشمه و بی‌تاب شدم   یاد هر گریه و چشمان ترم افتادم

آهم از سینه بدر شد که مگر سوزدشان   تا به یاد دل بی بال و پرم افتادم

تا به آن مزرعه رفتم که تماشا بکنم   یاد آن مرتع و داس و تبرم افتادم

تا سحرگه به امید تو نشستم هر شب   یاد آن لحظه و آه سحرم افتادم

تو که رفتی که شرابی و کبابی آری   یاد هر لحظه ز خون جگرم افتادم

دوستان منع کنندم که چرا دور شدم   یا که یاد همهٔ سیم و زرم افتادم

گر پدر باشی و مادر همه را می‌فهمی   یاد فرزند و نوه یا پسرم افتادم

طعنه بس کن که چرا از وطنم دور شدم   مادرم رفت و به یاد پدرم افتادم

خوب دانی که من از دوری و هجران مُردم   یاد ایران و به یاد اثرم افتادم

۶۶

«خدمت به نیازمند»

ای که معروف شدی در صف یاران به شجاعت　　دست افتاده گرفتن چه ظریف است و چه راحت
چه پسندیده و زیباست به درمانده رسیدن　　چه صوابی به تو آید همه در روز قیامت
کمکی از تو رساندی به قلیلی به ذلیلی　　ثبت گردد همه در دفتر حق با چه کرامت
تو شجاعی که شدی پیش قدم در ره خوبان　　تو ره راست گزیدی و رسیدی به سعادت
دست بیمار و بی چاره که در دست تو بوده　　به شفا رفت و تبسّم به رضا هست و رضایت
به همین شیوه بمان رحم به بی چاره نمودن　　راضی از کار تو گشتم به نظارت به کفایت
او که در شهر شما آمده بی کار نشسته　　همهٔ عمر گذشته به ندامت به شماتت
عالمی در عوض خدمت بر مردم دربند　　روی تختی بنشسته به وزارت به جسارت
مرشدی در ره مسجد شده از بهر دعائی　　که به رضوان رود و دور نماند ز جماعت
یا که در روز جزا تحفه بگیرد ز شفاعت　　غافل از این که خدا را نکند هیچ زیارت
ما موظف به کمک در ره انوار خدائی　　اندر این گوشهٔ دنیا به هدایت و شرافت

«تقدیم به دوست مهربانم دکتر صناعتی شاعر»

سرودم رازهای زندگانی — برای یار دیرینم نهانی
به یاری کاو ز من صد بار بهتر — سروده داستان کهکشانی
کسی کاو با من از ایران برادر — برادر یا که یک محبوب جانی
فرستادم برایش تحفه‌ای خُرد — نوشته-دیده‌خوانده‌عشق‌فانی
بنازم همسر نازش که سالی است — که بنشسته به پا با شادمانی
به پویا داده فرزندان لایق — یکی از دیگری بهتر چه دانی
کنون آن خانمِ از ماه بهتر — خدا حفظ‌اش کند بی‌ناتوانی
نوه‌هایش همه پُر ز انرژی — همه دکتر همه فخر جهانی
حبیب‌الله به عمرت شاد باشی — طویل و پُرثمر پُر بَر بمانی
منم کاظم رفیق سابق تو — هنوزم زنده‌ام با دُرفشانی
به فرزندان خوب و با درایت — فقط تدریس کن از مهربانی

«بحر خزر»

من شنیدم که در شمال وطن
همهٔ کارهاست دست حسن
تا بیفتد دوباره مدّنظر
ماهی و آب و خاویار خزر
تا فروشد دوباره کشور و مال
بهر امضاء رود به سوی شمال
قاصدی گفت با همه تشویش
این هم از کارهای او چون کیش
او که خواهد وطن کند ویران
تجزیه کرده کشور ایران
بر تو باشد هزارها تحسین
تحفه دادی وطن به کشور چین
حال با یک درایت معکوس
می‌فروشی خزر به کشور روس
او که با عشق دست‌بوسی‌ها
داد نصف وطن به روسی‌ها
ارمنستان و گرجی و تاجیک
رفت و کس نیست تا زند یک جیک
تاکی این مردم علیل و ذلیل
بنشینند ببینند این تحلیل
بعد صد سال باز می‌گیریم
آن زمین‌ها و بعد می‌میریم
«ای که چل سال رفت و در خوابی
مگر این چند روزه دریابی»
که چه کس دشمن تمدن توست
که چه کس گفته بر تو حرف درست
روز بیداری است و هوشیاری
این وطن‌داری است و دینداری

«شمع شب‌افروز»

پروانه صفت چشم به گُل دوخته بودیم   تا شمع هویدا شده ما سوخته بودیم
آن‌شمع‌به‌خودسوخت‌از‌آن کینهٔ پنهان   تا صبح نپائید که آموخته بودیم
آتش زدن ما همه اندیشهٔ شمع است   ما در هوس گل، پَرِ پرسوخته بودیم
تا شمع هویدا شد و ما را ز هوس کشت   با دیدن گل ما هوس اندوخته بودیم
او گفت که ما هم به سحرگه نرسیدیم   ورنه همه با هم که چه افروخته بودیم
گفتم که‌سخن‌بیش‌مگو‌شمع شب‌افروز   ما‌چشم‌به یک‌شاخه گلی‌دوخته‌بودیم
پروانه بپرسید از آن شمع دل‌افروز   آشفته شدم رفتی با درد و غم و سوز

«بهشت موهوم»

آن‌چه‌می‌خوانی‌و‌می‌دانی‌و‌نامی‌تو‌بهشت		آن بهشتی است که ملّا به خیالات نوشت
لطف حق با تو و رفتارت و با کردارت		ایزدت بهر تو این‌گونه بهشتی نسرشت
جام می نیست در آن‌جا و نه حوری نه صنم		جوی آبی و شرابی که تو گویی نه بهشت
تا که وارد شوی از در به مکانی گمنام		برسرت‌می‌خورد‌آن‌جا‌دوسه‌تا‌آجر‌و‌خشت
شاد و قانع به همین دنیا می‌باش و خموش		آن‌چه دادند به حق نسبت اندیشهٔ زشت
کیست آن‌جا که‌مگر دست تو گیرد به‌صواب		کیست شیطان و جهنّم که عذابت را رشت
مسجدی نیست و سجاده و تسبیح و کتاب		نه بهشت و نه جهنّم نه خرابات و کنشت
همه این‌جاست پشیمانی و حسرت در عمر		«هر کسی آن درود عاقبت کار که کشت»

«امامزاده»

هر کجا می‌گذرم مسجد و سجاده شده — کشور ما به نظر پُر ز امامزاده شده

همه جا گنبد و گلدسته رواق و حرم است — همه با نام و زیارت‌نومه آماده شده

شهرها ده‌کوره‌ها مرکز این مردان است — همه فرزند امام‌اند و از او زاده شده

همگی سیّد و در راه عرب کشته شده — تا رسیدند به ایران که امامزاده شده

مرقدی ساخته شد بر سر میدانی چند — در مکان‌های شلوغی که سَرِ جاده شده

تا که مردم به شفاگیری از این مرد بزرگ — به حضورش برسند این عملی ساده شده

هر که خواهد که دخیلی به ضریح آویزد — با سلامی و ریالی به حرم داده شده

چلچلراغی همه بر سقف و زمین فرش قُمی — دو دَرِ نقره جدا بهر نر و ماده شده

در رواقش همه مرمر همه میناکاری — آینه بر در و دیوار خدا داده شده

چه ظریف است و تمیز است همهٔ سالن‌ها — همه زیبا و گران تحفهٔ اجداده شده

آخر او هم عرب و سیّد و هم شیعهٔ ناب — او به ایران سفرش با خر و عرّاده شده

در همین کشور ما آمده مرحوم شده — یا که در مشهد و قم یا بم و آباده شده

هرچه بوده است یقین است که او مظلوم است — پابرهنه به تن‌اش شالی و لباده شده

همه مَرداند و مجرّد که در این‌جا دفن‌اند — زن ندیدم که در این جمع که فرمانده شده

«زن عقب مانده و بی عُرضه و یک حیوان است»* — من ندانم که چرا این زن درمانده شده

غیر از آن حضرت معصومه که در قم دفن است — دیگران دست عرب در غُل و قلّاده شده

گر که قبری بشکافند و درون‌اش نگرند — تا تو بینی که چه کس باز امامزاده شده

* روایت یک آخوند که در شبکه‌های مجازی منتشر شد.

«نفروشید وطن را»

اجنبی در هوس خوردن ایران شده است
هر کجا می‌نگرم ایران ویران شده است

نفروشید دگر خانهٔ اجدادی را
خانه ویران شده و مرکز زندان شده است

فاش می‌گوئیم، مفروش تو این خانهٔ ما
خانه مغموم شده لانهٔ دیوان شده است

کج صفت‌ها هوس بردن و خوردن دارند
نفروشید که این جای یتیمان شده است

چون که جا کم شده و صدها زندانی هست
شهر ما شهر فساد است که زندان شده است

تو چه دانی که کجا خانهٔ یزدان بوده است
خانهٔ شیر کنون، لانهٔ حیوان شده است

آن نمایندهٔ مجلس که عبث در خواب است
گو که بیدار شود، دشمن پنهان شده است

باید او رأی مخالف به خریدار دهد
نفروشید وطن مهد دلیران شده است

هر که تصویب کند تجزیهٔ ایران را
بزنیدش که چرا همدم شیطان شده است

مردم زنده و بیدار وطن بشتابید
دزد گله به غلط حامی چوپان شده است

نفروشید دگر کیش و خزر، نفت و طلا
خاک ایران زچه روا این همه ارزان شده است

«جناغ شکسته»

آمد هُدا به شهر و نیامد سراغ من — تاریک شد دل از آن شب چراغ من
آشفته گشتم از این ماجرا بسی — دیدم که او نکرد نگه بر فراغ من
در آرزوی دیدن او سال‌ها گذشت — پنهان نبود برمن و بر چلچلراغ من
خورشید بود و رهزن و هم رهنمای دل — او بود ماه من، همه نور چراغ من
دیگر چه شد که یار قدیم و ندیم من — آمد به شهر و هیچ نیامد به باغ من
چندین صباح رفت که در سال‌های قبل — مهمان من شد و آمد به راغ من
آن سال‌ها که در غم او ناله می‌زدم — اکنون چه فکر کرد و ندانست داغ من
او در جناغ بازی با من حریف بود — بشکست و پاره کرد مجدد جناغ من
غمگین شدم همیشه از این عشق بی‌ثبات — زیرا که بود یکسره چشم و چراغ من
چشم‌اش سیاه بود و پُر از رازهای راز — شاید که سرد گشت ز چشمان زاغ من

«خدای پرست»

دوباره آخر شب شد، درون میکده هستم　　شراب در کف و ساقی کنار مستم و مستم
همان کنایهٔ ساقی بس است و می‌دانم　　که باز توبه نمودم دوباره توبه شکستم
نگاه ساقی و پیمانه خمره و ساغر　　نداد فرصت و اکنون کنار خُم بنشستم
نصیحتی که به من کرد زاهد و عابد　　نکرد اثر به من و حلقه‌های ظلم گسستم
درست این که من از دام زاهدان همه رستم　　ولی گناه گناه است و من هنوز نرستم
گناهکارم و در روز حشر بهر گناهم　　فقط به مهر الهی همیشه دیده ببستم
چو زاهدان به شراب الست معتقدند　　من از ریا و خرافات و گفته‌ها همه جستم
دلم گرفته از این قوم و خوب می‌دانم　　که بر ریا نگرایم که من خدای پرستم
تو را قسم به می و ساغرم که طعنه نشاید　　منم همیشه به دنبال آن شراب الستم
به ناز شست گزیدم می محبت را　　بده بنوشم و گویم ز عابدان همه خستم
چودر بهشت روان است جوی آب و شرابی　　دهید باده و پیمانه را دوباره به دستم

«اصفهان نصف جهان»

اصفهان است فقط جزء جهان چه کسی خواند ورا نصف جهان
او که گفته است ندیده است جهان صد هزاران اصفهان گِردِ جهان
لاف‌گویی نکنید ای یاران این چه اغراقی است در لفظ و بیان
فی‌المثل یک باغ و گوید چارباغ یک پل و خواندش سی‌وسه ناگهان
رودی از اینجا گذر می‌کرد و بود نام آن زاینده‌رود ای دوستان
خشک‌وبی‌آب‌است‌ومعبرگشته‌است نی که زاینده است و نی رود است آن
جاده‌ای‌خاکی‌است‌آسفالتش‌کنید آب را بردند رندان بی‌امان
یک بنا با بیست پایه اندر آن چل ستون خوانند آن را راویان
دو مناری است که می‌لرزانند لیک گویند منار جنبان
گز این‌جا که چه معروف شده خوشمزه خوب، چه ریزند در آن
شهر، پُر از هنر و نقاشی است از هنرمند پُر است این کیوان

پُر ز مینا و خاتم‌کاری است روی انگشتر و دستبند عیان
گوشواره چه قشنگ است و چه ناز کاشی و نقره طلا تا کیوان
مسجد شیخ چه زیبا و ظریف مسجد جامع بود بهتر از آن
همه جا مردم هشیار و درست پس نگویید دروغ ای یاران
اصفهان آبروی کشور ماست مثل شیراز شده رشک جنان
رشت و بابلسر و زیبا درّه همه دشت و دَمَن است آن گیلان
سیستان است و بلوچستان است که طلا دارد و معدن چه کلان
شهر آبادان هم مرکز نفت همه جا زیبا تهران، ایران
پس بنازیم به کیش و به خزر نفروشیم به کس هیچ ارزان
روسی و چینی و شیطان بزرگ همه هستند تو را دشمن جان
انگلیسی به خداوند قسم که نشسته است بر آن تاج کیان

«واعظ»

کشورم مرکز کیهان گردید　　به مَثَل شعبهٔ رضوان گردید
همه آرام و قشنگ و مرغوب　　خانهٔ سام نریمان گردید
در جهان کشور خوش نامی بود　　وطنِ رستم دستان گردید
واعظی رهبر ایرانی شد　　بی‌سبب نیست که ویران گردید
شده سوریه، یمن، شام خراب　　خرج‌ها گردن ایران گردید
تانک و توپ و همهٔ موشک‌ها　　مُفت در دامن آنان گردید
نفت و بنزین همه از ایران بود　　منتقد راهی زندان گردید
حال بی‌پولی و بی‌آبی هست　　چه کسی گفت، پشیمان گردید
باز می‌گفت که این خرج عظیم　　همه در خدمت یزدان گردید
مردم مست و به خواب آلوده　　آن چه دردسر انسان گردید
شال بر گردن او می‌گرید　　ظلم یک فحش از ایمان گردید
هیچ کاری به تمامی نرسید　　آب و برق است که ارزان کردید؟
حال کیش و خزر و آب فروخت　　چشم ما بود که گریان گردید
بس کنید این عملِ ظلم و ستم　　یا بدانید که بی‌جان گردید

«شطرنج»

بر اسب مزن تو تازیانه تا سرعت او شتاب گشته
از فیل کناره گیر می‌رفت تا مثل عدو عقاب گشته
سرباز پیاده را فدا کرد رُخ بی‌حرکت عتاب گشته
شاهی است که مشکوک به هر فرد با پند وزیر خواب گشته
یک سو که سیاه می‌نشیند با جور که در عذاب گشته
یک گوشه سپید چهره‌گانند خواهد که سیه مُذاب گشته
بی‌چاره وزیر بی‌کفایت در گردن او طناب گشته
سرباز پیاده یک‌به‌یک مُرد تا تاج به سر جناب گشته
شیخ از حسد و ریا نوشته تا بر سَرِ زن حجاب گشته
افسوس که رُخ نشسته بیکار تا دیدهٔ او پُرآب گشته
شطرنج زمان چه بی‌عدالت از آتش دل کباب گشته

تُنگی که پُر از شراب بوده امروز بدون آب گشته

آب همه چشمه‌ها بخشکید از جور زمان حباب گشته

این وضع کنون کشور ماست هر روز به پیچ و تاب گشته

گویند گرسنگی کشیدن خوب است و همه صواب گشته

این وضع کثیف ملّت ماست باید همه یک کتاب گشته

این خانه بشر ندیده هرگز اصطبل همه دواب گشته

اسب و شتر و حمار و استر این‌ها همه شبخ و شاب گشته

شطرنج زمانه را بیاموز تا درس ادب خراب گشته

باز آر پیاله را که آخر این کاسه پُر از شراب گشته

«گل و خار»

من آن گلم که خار به پایم نشسته بود | یا آن خَسَم که غنچه به جایم نشسته بود
من آن گلم که عطر فشاندم به باغ یار | بلبل به شاخه‌ها پریده برایم نشسته بود
صدها پرنده دور و ور باغ در طرب | طاووس خوشگلم به جلایم نشسته بود
از باغبان بپرس که با گل چه‌ها نمود | یا زیر سایه‌ها به صفایم نشسته بود
یادش بیاور آن که در آن باغ پُرهوس | من شعر خواندم او به صفایم نشسته بود
گر آه می‌کشیدم و افسوس می‌خورم | آماده بر طنین صدایم نشسته بود
آن لعبتی که غبطهٔ هر خاص و عام بود | امروز نزد من به سرایم نشسته بود
می‌گفت و می‌شنید نوایِ خوشِ هزار | از کُنه دل به حمد و ثنایم نشسته بود
من راه و رسم عشق به او یاد داده‌ام | در پای پند و یاد خدایم نشسته بود
گفتم که من گلم و از این خار بی‌خبر | گویی به رنج و درد و بلایم نشسته بود
گل گفت خار را که مزن نیش بر کسی | آن دلربا برای وفایم نشسته بود

«معشوقهٔ سنگدل و شهریار»

دختران خوب و عالِم هم زیاد　　در جهان مردان ظالم هم زیاد

در جهان هم خوب و هم بد آمده　　مرد و زن در دهر بی‌حد آمده

دختران سنگدل بی‌بندوبار　　بی‌تحمّل، بی‌عدالت، بی‌شمار

سرکش و مست و فرومایه زیاد　　در جهان پُر گشته با هر اعتیاد

برخی از آن‌ها که مجنونند و مست　　لُنگ حمّام است هر که بست بست

یک گروهی بی‌وفا و نانجیب　　پس بخوان بر او همان اَمَّن یُجیب

گاه با چشمان مست و آتشش　　مردمان را کرده بی‌جا عاشقش

بعد می‌بینی که آتش زد به دود　　با رقیبت می‌کند گفت و شنود

هیچ یاد مهربانی‌هات نیست　　یاد ایام جوانی‌هات نیست

می‌رود یکسر به دنبال دگر　　عهد بسته عقد گشته بی‌خبر

شهریار اشکی همه بر گونه‌اش　　این چه کاری بود کرد معشوقه‌اش

شاعری شد شهریار خوش‌سخن　　او درخشید ار میان انجمن

باز بعد از کودک و فرزند و یار　　می‌رود بر دیدن آن شهریار

او که در بستر لمیده گفت زود　　با صدای گرم خود این را سرود

«آمدی جانم به قربانت ولی حالا چرا　　بی‌وفا حالا که من افتاده‌ام از پا چرا»

خاک بر فرق سَرِ تو ای زَنَک　　تُف بر آن لبخند سرد بی‌نمک

شهریار از غُصه مُرد و پاک شد　　آن زَنَک هم مُرد و زیر خاک شد

پند گیر از شهریار اندر نماز　　پُر شده دنیا ز یار حقه‌باز

تو مشو عاشق به هر افعی و مار　　تو مشو عاشق به هر چشم خمار

«فکاهی – طنز»

«تفاوت روسپی با حوری»

حوریان در بهشت در پرواز   روسپی در زمین به پشت دراز
حوری اندر بهشت مست و خمار   روسپی در زمین به فکر نهار
حوری اندر بهشت مجانی است   روسپی روز و شب پیِ نانی است
روسپی خرج دارد و بی‌کس   حوریان در پی هوا و هوس
حوریان جندگان آن عُقبی   روسپی جنده در همین دنیا
حوریان پاک از غرض باشند   روسپی‌ها پُر از مرض باشند
این مرض‌ها که در مقاربت است   کار مردان بی‌مراقبت است
ایدز و سوزاک و سفلیس و زونا   همه را داده مرد بر زنها
الغرض حوری خدا پاک است   خواب با روسپی خطرناک است
روسپی گرسنه بـــرای شـــکم   که غذایی رسد بر او بی‌غم
یا مکانی که شب رود خانه   نه که هر شب به تخت بیگانه
حوریان در بهشت می‌خوابند   همه نزدیک جوی پُر آبند
دسته‌ای تخت روی آب زنند   لزبین‌ها* در آن میانه کمند
توالت بهر آدم بیمار   حوری اندر هوا کند ادرار

* lesbian

در هوا کار او پریدن هست   نه که در فکر شاش و ریدن هست

از طهارت مگر که در مرداب   می‌کند پاک خویش را در آب

ته او پاک و خوشگل است و تمیز   مثل شیخان حوالی تبریز

کارمند خدا بود حوری   روسپی کارمند مجبوری

بهر زن‌های مؤمن دنیا   نیست دیگر کسی در آن عُقبی

همه گویند شخص غلمان هست   او هم از بهر جمله مردان هست

زن چرا اینقَدَر علیل شده   در قیامت او هم ذلیل شده

از چه جنسی است جنس آدم هست؟   یا که اصلاً مثال شلغم هست

لذّت و عشق بهر مردان است   زن چه کرده است یا که حیوان است؟

خاک بر سر زنم از این دنیا   نظم بر هم زنم در آن عُقبی

گر عدالت همین بود آنجا   بنده می‌مانم اندر این دنیا

تا که حق زنان به دست آرم   می‌کنم جنگ تن به تن یک دم

«فروش خانه و زمین به اعراب»

مگو ایرانی‌ام جانا مگو ایرانی‌ام دیگر
اگر کشور تو می بخشی به هر بیگانه‌ای یکسر

مگو ایرانی‌ام با چینی و روس و عرب همدم
مگو ایرانی‌ام اکنون عرب خوابیده در بستر

عرب آمد ز بغداد و زمین‌ها را خریدارند
تومفروش این زمین را بر عرب بیچارهٔ مضطر

تو می‌دانی عرب ویران کند این کشور دارا
تو می‌دانی چه می کردند با مادر و یا خواهر

کتاب جمله اعراب را بر کشورت بنگر
ورق می‌زن جنایات و بخوان آن را به یاد آور

رئیس کشور ما با عرب بسته است پیوندی
رئیس مجلس ما هم عرب زاده از آن کشور

رئیس داوری هم یک عرب زاده است جان من
به اطراف نظر کن کیست چسبیده بر آن منبر

جوانان خوب می‌دانند در جنگ عرب با ما
که صدها کشته می‌دادیم هر روزه در آن معبر

کنون ما در فروش خانه و باغ و زمین هستیم
به اعراب گنه کاری که گشته دوست با رهبر

خدایا مردم ما را خرد ده تا بداند او
که تا اینجا خطار فته که بر خود می زند آذر

فروش سرزمین ما به بیگانه گنه دارد
جهالت هست دادن ملک دارا را به هر کافر

«در سوگ دامادم رضا اخوان»

در قلب آرزو غم و اندوه لانه ساخت / تیری ز آسمان رسید و رضا را نشانه ساخت

او بی‌سبب به دست قضا شد هدف تلف / او بی‌گناه بود و گنه را زمانه ساخت

او مهربان به کودک و فامیل خویش بود / او زود رفت و عزم سفر را شبانه ساخت

موجی ز غم رسید بر آن کودکان ناز / دریا کنون تلاطم و طوفان بهانه ساخت

تقصیر کیست این همه مرگ از تصادفات؟ / پرسیدم از خدا که بشر را روانه ساخت

آورد در جهان و به آن‌ها امید داد / یکباره آن امید برید و فسانه ساخت

از دست روزگار ننالم که این حدیث / در هر کتاب پر شده و ساحرانه ساخت

آخر مگر نبود رضا حامی یتیم؟ / بر بینوا و گرسنه‌گان آب و دانه ساخت

حیوان عزیز بود در بَر او مثل بندگان / مهر و محبتی که کرد بهر سینه خانه ساخت

یک گل به باغ عشق فنا گشت بی‌سبب / دست اجل رسید و امیدم ترانه ساخت

بر سر زنم ز غصه و غم شیون و بلا / کوآن گلی که فصل خزان شد جوانه ساخت

خوش آن کسی که خانهٔ خود در جهان غم / با مهر و راستی خوشی و مهربانه ساخت

«الهام از شعر شهریار»

شهریارا تو که بگذشتی و بگذاشتی اش بادگران
رفتی از کوی وی آواره شدی دور جهان

تو گذشتی و گذشت آنچه که وی با تو نمود
تازه گفتی که بمان وای به حال دگران

رفتی و دیدهٔ گریان تو از شرق به غرب
نتوان دید چو اشکت ز کران تا به کران

فکر کردی که تو صاحب نظری خواهی یافت
که نباشد همه کوته نظر و چشم چران

دل تو آینهٔ اهل صفا را بشکست
که ز خود بی خبرند این ز خدا بی خبران

دل تو بود بر آن حلقهٔ گیسوی سیه
یادگاری که بماند غم شوریده سران

حسرت و غم همه در باغ دلت می افروخت
که تو مغموم شوی یکسره چون خون جگران

ره بیداد گزید و به تو افزود ستم
ورنه کی از تو کسی دید بجز مهر و امان

سهل و آسان که نبُد رفتن و بگذاشتنش
لیک گفتی که همین است جهان گذران

شهریارا غم عشق تو همه دل ها سوخت
شورها در دلت انداخت از اندوه گران

هرچه گفتی همه از آن زن بی تدبیر است
او که نشناخت تو را رفت به سوی دگران

شهریارا دل من سوخت ز اندوه زیاد
دل هر پاکدلی سوخت بر آن سوز گران

من که می لرزم از آن زلزلهٔ شعر غمین
وای بر تو که تحمل کنی این دشنه به جان

۸۷

تقدیم به رضا اخوان مرحوم

«سفر یک راهه»

«است و نیست»

سبد سبد گل مینا به منزل والی است ولی چه سود که او رفت و جای او خالی است
گل ظریف و لطیف و سفید و نقرآبی همیشه زینت هر مجلسی که شد عالی است
به ختم و عقد و عروسی نشاط افزاید به آن مسافر یک راهه کی پر و بالی است
کجا مسافر یک راهه باز می‌گردد که بیند این گل و آن کودکان چه اقبالی است
به کودکی که در این دهر پا گذاشت چه شد؟ بزرگ گشت و به زحمت بزیست کان سالی است
از این دیار سفر کرد و برنگشت دگر کفن به گردن خود کرد و گفت این شالی است

برفت از نظر و پرسشی نکرد چرا برای کودک و مادر که جای خالی نیست
تو را برید زعشق و وفا و ناز و امید چه کرده‌ای که تو را دیگر اتصالی نیست
خداست او که تو را خواند در حریم صفا به بازگشت تو کس را دگر خیالی نیست
به شادی تو و روح تو آرزومندیم برو بخواب که آنجا تو را عیالی نیست
بگو مؤذن مسجد صدا کند همه را که در نماز جماعت دگر بلالی نیست
به خاطرات رضا زنده‌ایم و هم راضی که دست کوته و دیدار را مجالی نیست

به وزن شعر قیصر امین‌پور

«مردم سفیه»

دیشب غزل سرودم و کس اعتنا نکرد — خواندم برای جمع کثیری کفا نکرد
دیگر چه سود ناشنوا نشنود سخن — امواج شعر من به کران اکتفا نکرد
باور کن این حدیث که گفتم برای دوست — کور و کرند و گفتی این اقتضا نکرد
آزرده گشتم از این مردم سفیه — گفتند شعر خوب بود ولی خوش ادا نکرد
لب باز می‌کنند و سخن‌های زشت را — گویند بین مردم و آن در خفا نکرد
اصلاً دلم گرفته از این خودپرست‌ها — کاری که می‌کنند زنی بی‌حیا نکرد
افکار سست و خرافاتی و عجیب — دارند و سال‌هاست که آن را رها نکرد
من دیده‌ام هزار بشر را در این جهان — کم دیده‌ام کسی که عشوه و ناز و ادا نکرد
پُر از ندامت‌اند و هدایت نمی‌شوند — این دل دگر به شعر و غزل اشتها نکرد
بس بی‌خبر ز شعر و ز معنای پاک آن — شاید خدا تفکر او جابجا نکرد

«حکم زمانه»

دیشب ز دور زمزمهٔ تاری   صد زخمه زد کرانه محسوسم

گفتم بیا و زمزمه را بشنو   با این صدا و زمزمه مأنوسم

تا آمدی نشستی و بشنیدی   کشتم چراغ کلبه و فانوسم

جامی شراب دست تو دادم من   تا بال و پرگشای چو طاووسم

دستم کتاب شعر بود و ز تاریکی   دیگر نشد نظارهٔ قاموسم

نزدیکتر شدم به تو بی‌تردید   تا آن لب و دهان تو را بوسم

گفتی تو ای تار و مِی و خلوت   آشفته کرده این دل محبوسم

گفتم ولی به علّت نامعلوم   از لذّت معاشقه مأیوسم

خندید و رفت یکسره با نازی   حکم زمانه بود که معکوسم

دیگر نمانده عشق و صفا، هیهات   در قلب پاره پارهٔ ناموسم

«الهام از شعر استادم پویا»

همیشه آتش عشقی که داشتم که ندارم   شرار و لرزش عشقی که داشتم که ندارم

بیا به دیدن من در نماز صبح سحرگاه   نگر که آذر عشقی که داشتم که ندارم

بیا و گوش به فریاد دل خراشم ده   که آن نیایش عشقی که داشتم که ندارم

دریچه‌ای که به دل‌ها نظر نمود توبستی   هوای دلکش عشقی که داشتم که ندارم

مبند دفتر پرمهر خاطراتت را   که من حرارت عشقی که داشتم که ندارم

ز خاطرم نرود روز آشنایی را   حدیث خرمن عشقی که داشتم که ندارم

هزار شعله بسوزاند خاطراتم را   دگر گزارش عشقی که داشتم که ندارم

تو در نهاد منی هر چه هست زیبایی   ولی همایش عشقی که داشتم که ندارم

کنون که اشک دو چشمان ستاره می‌بارد   به ابرها همه عشقی که داشتم که ندارم

فزون شد از غم و اندوه مشکل کاظم   علاج و داروی عشقی که داشتم که ندارم

۹۱

«عاشق اشعار»

سال‌ها شمع شب تار تو بودم تو ندانی　شعلهٔ سوخته ز انوار تو بودم تو ندانی
هیزمی سوخته گشتم همه خاکستر پایت　مخزن مخفی اسرار تو بودم تو ندانی
هدف تیر بلا بودم و انباشته در غم　غرق زیبائی اشعار تو بودم تو ندانی
شمع خاموش شدم در شب ظلمانی و تنها　در عوض من گل بی‌خار تو بودم تو ندانی
هوس خواب به چشمان من آمد ولی آنجا　همه بیدار و پرستار تو بودم تو ندانی
تو بخوابی و ندانی که من غمزده چونم　به تماشای تو و گلرخ سرشار تو بودم تو ندانی
هرچه اشعار تو خواندم همه در فکر تو بودم　همه شب عاشق اشعار تو بودم تو ندانی
با محبّت به تو گفتم سخن از عشق ندانی　نه پی کینه و آزار تو بودم تو ندانی
من که پروانه نبودم که به دور تو بچرخم　ولی از بخت سیه زنده گرفتار تو بودم تو ندانی
شمع گشتم که تو را کلبهٔ روشن شده بخشم　توجه کردی به من از عقده که بیمار تو بودم تو ندانی
سایه انداخته‌ای بر دل غمدیدهٔ محزون　من ندانسته ندانم که گنه کار تو بودم تو ندانی

«گوش ناشنوا»

نمی‌دانم مگر تو یار از من بهتری داری؟ ویا پنهان نمودی تو که آیا همسری داری؟
تو خود را جا نمودی در دل افسردهٔ پاکم بگو تو جان جانانی و قلب خودسری داری
به امید کسی هستی که بر بالینت آید شب؟ چرا بیهوده می نالی وچشمی بردری داری؟
کسی را می پرستی لیک او قدرت نمی‌داند بگو جانا چرا هر لحظه چشمان تری داری؟
تو در پرواز آمال از حقیقت دور می‌مانی در این پرواز آمالت بگو بال و پری داری
تو در قلب گناهی هیچ می‌دانی عزیز دل که از آئین گذشتی حال قلب کافری داری
نصیحت را پذیرا باش از من یا کس دیگر اگر پندم نمی گیری مسلّم مادری داری
برو از دیده پنهان شو نصیحت را نمی گیری مسلّم بر نصیحت هم چنان گوش کری داری

«درد همه سالمندان»

تقدیم به پویا کاشانی

پویای عزیز و مهربانم ای شاعر خوش قریحه جانم

امروز دوباره باصفائی در کسوت شعر چون خدایی

از دردسر شنیدن آیا سمعک نخریده‌ای تا حالا

گفتم که شنا کنی تو هر روز تا در حرکت شوی تو پیروز

در باغ گل و گیاه بکار تفریح کن و بخند با یار

در سن من و تو هر چه بالاست افتاده زمین و برنمی‌خاست

آن موی سیه سپید گشته آن دید که ناپدید گشته

هر چیز که بود جمله پائین بالا شده چون رُخ شیاطین

کلسترول و قند پند دارد چیزی بخوری که قند دارد

ادرار که کنترل ندارد این باغچه ما که گل ندارد

از گزگز دست و پا بنالیم وز درد کمر ببین چه حالیم

یک دست عصا و دست معلول آمپول و دوا و قرص و کپسول

۹۴

از خاطره‌ها مگو که رفته است / از نام و نشان ببین چه کرده است
آنقدر بُدیم ناظر ماه / امروز نگه به چوب درگاه
از هضم غذا مگو چه کرده / از روده و معده ناله کرده
از سرفهٔ نیمه شب چه گویم / از تبخال زیر لب چه گویم
وزن بدنم چرا چنین بود؟ / آن ران و شکم که نازنین بود
حالا شده خیک و گنده و بد / مثل خر و گاو ملّا احمد
تعادل ما که بود موزون / حالا شده مثل پای میمون
اکنون من و تو به یک خیالیم / تا از تک و پوی خود نالیم
القصه هزار درد دیگر / مهمان من و تو شد در آخر
او کیست که داده این هدایا؟ / او نیست بجز خدای یکتا
لاحول ولا قوة بالله / شکری به خدا الحمدلله

«شمع و گل و پروانه»

پروانه به عشق شمع می‌رفت   سوزاند تمام بال و پرها
افتاد به پای شمع و جان داد   آسوده شد از همه تقلّا
تا صبح دمید شمع هم مُرد   از اشک زیاد و دردسرها
پروانه به شمع الفتی داشت   رقصید برای او چه زیبا
پژمرده شد آن گل گلستان   چون دید که یار رفت بیجا
از بوته جدا شد و بیفتاد   بر روی زمین باغ تنها
پندی بگرفتم از زمانه   تا دور شوم ز عشق یکجا
آلام جهان چه بی‌شمار است   در دشت و سما و کوه و دریا
این است که زندگی است نامش   هر کس ز کس دگر مجّزا
افسوس که جملگی دچاریم   بر سختی و زجر و جور دنیا
این بود جزای عشق و پاکی؟   این بود نصیحت مسیحا؟

«دختر غمگین»

به عزا نشسته بود غمین و دل شکسته بود — با رفیق جون جونیش قول و قرار شکسته بود
به گمان عشق و مستی به خیال روز بهتر — بخدا قسم ندانم به چه کس دل بسته بود
نفس‌اش سرد و چو آه دردمندان — گیسوانش با یه روبان شکل یک گلدسته بود
آسمان آبی و چشمان اونم به رنگ غم‌هاش — دست‌وپایش‌سست‌وهم‌از‌آن‌رفقایش‌خسته‌بود
به‌سکوت‌محض‌لب‌ها‌به‌سخن‌نداشت‌میلی — به میان کوه غم‌ها به عزا نشسته بود
گفتمش دختر زیبا تو چرا چنین غمینی — تو که چون گلی به بستان چو گلی نورسته بود
ز چه رو چنین غمینی به کسی تو پایبندی؟ — ز چه رو در این زمانه دَرِ شِکوه بسته بود
به نوازش و محبّت سخن از وفا سرودم — سر خود شبانه‌ام خوف و حیا گسسته بود
خم ابروی خمیده به من این کنایه آموخت — به من فسرده مُحرز که ز حیله جسته بود
گل باغ شاه شاهان بر حرمسرا نیامد — که دل ظریف و عشق‌اش همه ورشکسته بود

«ولش کن»

هرچه گفتم که دلم گرفته و حالم خرابه گفت ولش کن

گفتمش سیل اومده خانه رو آبه گفت ولش کن

گفتمش زندگی‌ها مشکل و مشکل میشه هر روز

چی بگم با کی بگم در پیچ و تابه گفت ولش کن

گفتمش بخور از این مِی که تو را حیات بخشد

تو بنوش از این می و لذّت اون مثل شرابه گفت ولش کن

با صدای گرم خود توی اتاق آواز و سر داد

گفتمش آواز نخون سکوت نما طفلکی خوابه گفت ولش کن

توی مسجد بالا منبر یارو از بهشت می‌گفت

او می‌گفت حدیث داریم این دین نابه گفت ولش کن

اندر این محشر کبرا همه‌مون داریم می‌سوزیم

قلبمون و دلمون سیخ کبابه گفت ولش کن

گفتم از آب چی بگم که خشک شده رودخونه‌هامون

این که بینی تو که آب نیست و حبابه گفت ولش کن

گفتمش بهر خدا یک کمی خدمت به بشر کن

این همون کاریه که میگن صوابه گفت ولش کن

هر چی میگم تو جواب میدی ولش کن

به من وامانده بی‌خانمون این چه جوابه گفت ولش کن

گفتمش حاشیه میری نرسی به مقصد خود

گفت این رسم اوناست رسم جنابه گفت ولش کن

گفتمش هر چه هوس بود همه در توی قفس بود

چکنم که توی زندون همه حرفاشون سرابه گفت ولش کن

عاقبت خسته شدم ز گفت‌وگو با این و با آن

چکنم که نقشه‌ها هم همه‌شون نقش بر آبه گفت ولش کن

۹۹

«کلاغ پر»

یکی بود یکی نبود اوّل قصه‌های مادر

همه شب کنار بستر سخن از زبان یاور

من اگر سوال کردم که کی بود می‌گفت خدا بود

یا اگر می‌پرسیدم اون که نبود می‌گفت چه بهتر

قصه‌هاش ظریف و پُر معنی و با طراوتی خاص

یا منو خوشحال می‌کرد یا ترس و لرز می‌کردم آخر

قصه‌هاش حقیقی بود تصورش چه سهل و آسان

همه با تفکرش مثل خودش که کرده باور

همه شب منتظر قصه و بعد به خواب می‌رفتم

مادرم می‌گفت بخواب غصّه نخور عزیز دلبر

گاهی هم خواب نبودم ولی چشامو بسته بودم

که مامان خیال کنه من خوابیدم درون بستر

هنوزم خاطره‌های اون شبا یادم میفته

هنوزم بیدار میشم نیمه شبا دنبال دفتر

حالا قدر اون شبا رو می‌دونم ولی چه فایده؟

حالا فهمیدم خدا هست ولی نمانده مادر

یکی بود یکی نبود غیر از خدا هیچکس نبود را

اون که بود خدا بود و اون که نبود بگو کلاغ پر

مادرم رفت و منو تنها گذاشت تو این زمونه

که اینم کار خدا بود چه کنم جان برادر

«یادی از سعدی»

تو که سعدی زمانی چه کنی بر آدمیت
که اسیر درد گشته همه در غم و شکایت
تو سخن از آدمیت زدی و کسی نداند
که تو تا ابد نبینی اثری از آدمیت
همه در پی مداوای دل غمین و خسته
همه در مسیر بی‌راهه و در درون شماتت
تو هزار داستان را به کتاب گلستانت
بنوشتی و نمودی همه را تو یک حکایت
تو شروع کردی از نام خدا در این گلستان
همه مدح او بگفتی چه خوش است آن روایت
به کدام دفتری آمده این همه عجایب
که تو با بیان زیبا برسانده‌ای به غایت
کلمات این گلستان چه مبرهن است و زیبا
چه وزین و خوش عبارت که تو کرده‌ای نظارت
سخنان چو قند شیرین به مثال شهد و شکر
به همین دلیل دارم به تو من سر ارادت

همه در تکاپوی مسند و قدرت و منالند

تو نظر به شعر خود کن به لطافت و کرامت

تو که در بهشت هستی و کفایت تو مشهود

نظری به سوی ما کن به مساحت شهامت

که هنوز مردم ما به خرافه میل دارند

که هنوز مانده در عمق رذالت و جهالت

همه عمر آرزویم که خرد رسد به آن‌ها

که تفکری بسازند و شوند با سعادت

به سلیسی کلامت تو لسان غیب هستی

همه سوگند که مردی به فصاحت و بلاغت

به ولایتی که رفتی همه دور از رقیبان

به عنایتی که کردی تو بمان بر آن سلامت

به اهانت و جسارت که برفت گاه گاهی

به حضورت ای مدرس تو ببخش از نجابت

به سعایتی که کردند دلت نگیرد ای جان

که بر آن صباوت خود همه گفته کرده عادت

۱۰۳

تو ز مشت زن نوشتی و چه پندها که دادی

به خصوص پند گرمی که به کم کند قناعت

به حدیث عشق و مستی صنم و شراره هستی

چه قشنگ می‌نویسی تو تمام آن روایت

کمی از اصالت خود ننوشتی و نگفتی

که چه رنج‌ها کشیدی که رسی به یک سعادت

چه گذشت بر تو در شام و حلب دمشق و بغداد

که گلایه‌ای نکردی به کسی تو از نجابت

تو به شغل خشت‌مالی شدی و ابا نکردی

که برای زندگانی برسی به هر سلامت

چو شدی تو واعظ شهر و سخنوری نمودی

همه درد را بگفتی به حضور عام و ملت

به مناعت تو مردم همه آفرین نمودند

که به یکدگر سرودند، سرود بی‌نهایت

به جهان و مردم آن تو که هدیهٔ خدایی

چه خوش است مادر تو به جهان تو را بزادت

به شهادت بشر نابغهٔ عهد و زمانی

تو بمان به خاطر ما که نموده بر تو عادت

۱۰۴

تو عزیز مردم ما و رئیس علم و دانش

تو بمان برای یاران همه عشق و رای و رأفت

به زبان بی‌زبانی تو که حافظ جهانی

تو نشین به تخت جمشید و وزارت و صدارت

تو به شعر من بیافزا رقمی از آن درایت

که دگر نباشم آنقدر به تحصیل طبابت

«خدمت به خلق»

چنان غمین شدم از دهر و نیست حوصله‌ای   که شعله‌ای بفروزم برای قافله‌ای

به این جهان که نوشتند دار فانی هست   هزار مشغله دارم ولی نه یک گله‌ای

پرنده‌ای به سر بام آمد و پر زد   دگر نه بلبلی آید نه باز و چلچله‌ای

اساس هستی دنیا و بودن من و تو   برای درک بشر باز گشته مسئله‌ای

چرا که نیست میان من و خدای زمان   چرا نبینمش اینجا چرا که فاصله‌ای

گمان من همه این بود روزی آید پیش   که ما به شوق ببینم رأس سلسله‌ای

ولی من آمدم اینجا برای خدمت خلق   رسیده‌ام همه بر بینوا و حامله‌ای

به خانمی که شده باردار و می‌نالد   به قدرتی که توانم حضور قابله‌ای

کنون که پیر شدم قدرتی نمانده مرا   که بپرم زمکانم به عشق مشغله‌ای

دوندگی به سر آمد دو پای من خسته است   نگه به تاول پا کن نشان آبله‌ای

«به یاد حافظ لسان‌الغیب»

توپی آن که برترینی به فصاحت کلامت
منم او که عشق ورزد به ظرافت بیانت
غزلی که می‌سرودی همه پُر ز عمق و معنا
سخنی که ساز کردی همه گلشن بلاغت
ز روایتی که گفتی همه از مفتی و زاهد
چه حقیقتی که سُفتی، سخنی پر از صداقت
اثری که از تو مانده به خدا خلل ندارد
تو چه پندها که دادی به گروه بی‌اصالت
اگر از دلالت تو نشود هدایت این دل
همه عمر در عذابند و خجالت و ندامت
به فقیر ره ندادند و عبادتی نکردند
چه جواب دارد این قوم به محشر و قیامت
چه کنم که دور هستند هم از دلالت تو
چه کنم که گوششان کر همه از مهر و عدالت
تو که حافظی و شعرت به مثال شیر و شکر
تو بخواب در امان و بنگر به این جماعت

همه در تکاپوی مسند و قدرت و منالند

تو نظر به شعر خود کن به لطافت و کرامت

تو که در بهشت هستی و کفایت تو مشهود

نظری به سوی ما کن به مساحت شهامت

که هنوز مردم ما به خرافه میل دارند

که هنوز مانده در عمق رذالت و جهالت

همه عمر آرزویم که خرد رسد به آن‌ها

که تفکری بسازند و شوند با سعادت

به سلیسی کلامت تو لسان غیب هستی

همه سوگند که مردی به فصاحت و بلاغت

به ولایتی که رفتی همه دور از رقیبان

به عنایتی که کردی تو بمان بر آن سلامت

به اهانت و جسارت که برفت گاه گاهی

به حضورت ای مدرس تو ببخش از نجابت

به سعایتی که کردند دلت نگیرد ای جان

که بر آن صباوت خود همه گفته کرده عادت

۱۰۸

تو عزیز مردم ما و رئیس علم و دانش
تو بمان برای یاران همه عشق و رای و رأفت
به زبان بی‌زبانی تو که حافظ جهانی
تو نشین به تخت جمشید و وزارت و صدارت
تو به شعر من بیافزا رقمی از آن درایت
که دگر نباشم آنقدر به تحصیل طبابت

«دختر افغانی پناهنده»

دختر افغانی که از ایران دلخون بود

به جای مردم ایران برایت غمگسار ای جان

نه تنها شرمسارم بلکه از ایران نبودم انتظار ای جان

تو در همسایگی در مذهب و دین همنظر هستی

زبانت فارسی افسرده گشتی از دیار ای جان

مگر این رسم مهمانداری ایرانیان بوده؟

کنون از عقده و کینه خزان کرده بهار ای جان

تو حق داری که گفتی درد و دل‌های خودت دختر

منم از غصه می‌نالم به فریاد و هوار ای جان

تو اندر کشور ایران پناهنده شدی روزی

نباید باشد این رفتار رسم روزگار ای جان

همان کردار نیک از مرز ایران رخت بر بسته

همان پندار نیکو هم نمانده ماندگار ای جان

تمدن رفت از ایران مسلمانی فرامُش شد

به جایش ظلم و خشم و کینه آمد یادگار ای جان

اگر بودم پناهنده در افغان مثل یک مهمان

چنین مهمان‌نوازی بود در کابل و شهر قندهار ای جان

۱۱۰

خدایا رحم کن بر مردم ایران و ایرانی

نمانده هیچ آدابی به جز نقش و نگار ای جان

تو تنها نیستی ای دختر باهوش افغانی

اقلیت‌های دینی هم همه بر چوب دار ای جان

بشر را خلق کردی تا که در جور و ستم باشد

بگو بر من چرا این بود کار کردگار ای جان

منم در غربتم سالی، جفادیده پناهنده

ولی هرگز نشد برمن چنین جور و شرار ای جان

«جوانی و اشتباه»

درست است این که گرفتی ز دلبری کامی   نداشت عاقبت خوب و نیک فرجامی

برای لحظه‌ای از معرفت جدا گشتی   نماند از تو دگر نام نیک و بدنامی

تو مزه مزه نکردی که عاقبت چون است   شراب را نچشیدی تو از تهی جامی

به محفلی بنشستی و نزد خود گفتی   که کرده‌ای تو یکی بی‌گناه را دامی

گذشت سالی و او نیست تا بپرسد حال   چه شد که باز نیامد ز دوست پیغامی

تو درک کردی از این ماجرا که آخر کار   نبود جز تله‌ای و گرفت او دامی

همین اشاره بس است ای رفیق می‌فهمی   در این اشاره که وجدان تو است الهامی

جوانی و تو فریب زنان مخور دائم   هنوز کودکی و ناشکفته و خامی

مرو در پی زیبائی و جمال دگر   مخور تو گول سر و گوش و چشم و اندامی

به شهر ما که شب و روز حیله در کار است   مکن تو روز سپیدت سیه چو یک شامی

۱۱۲

« نامه شبگیر »

ناله کردی به خدا ناله شبگیر نبود
گریه کردی ولی آن گریه جهانگیر نبود

آه سردی که در آمد ز قفس خانه دل
آنقدر سرد که آن در خور تفسیر نبود

غصه ای کز دل غمدیده بر آید ایدوست
غصه ای سخت و شگفتی است که تقدیر نبود

همه گویند که باید بنویسید آنرا
این حکایت بجهان قابل تحریر نبود

غصه از عمق دل آمد که بسوزاند روان
این سخن باد هوا نیست و تعبیر نبود

سخن عشق حقیقی است مخوانش کاذب
مستی و عشق نهان حیله و ترویز نبود

آن گنه نیست اگر لیلی و مجنون باشی
عشق در قلب تو واو که چو تقصیر نبود

پند آن پیر مغان بشنو و در کار انداز
ورنه امروز که آن پیر زمین گیر نبود

آهوی عاشق اگر در پی معشوق نبود
اندر این دشت کنون در قل و زنجیر نبود

پای او در قل و زنجیر چرا باید بود
او که چالاک و قوی قابل تسخیر نبود

چشم بیدار توان دیدن انوار خدای
ورنه انوار خدا شعله و تصویر نبود

۱۱۳

اشاره به شعر طنز پروفسور کاظم

دیشب که نزار و خسته بودم
در کنج سرا نشسته بودم

سرگشته به صد خیال واهی
از آب و گیاه و مرغ و ماهی

یا ر آمد و نامه ایش در دست
با خنده مرا کنار بنشست

گفتم که بخوان ز کیست نامه
در حال و هوای چیست نامه

گفت آمده با شروط لازم
این نامه ز اوستاد (کاظم)

آن مرد بزرگ طب و دانش
آن عاشق جستجوی و کاوش

آنگاه که خواند نامه دوست
دیدم که شگفت واره نیکوست

کرده است اشاره ها به پیری

از سستی و رنج و سخت گیری

بیخوابی شب ، خرفتی روز

بیرون شدن صدای یک.....!

در سبزه و گل دگر صفا نیست

یادی ز شبان جمعه ها نیست

چون گشته بزرگتر پروستات

مرطوب شده است جامه ! هیهات

نام همگان برفته از یاد

دایی و عمو ، عروس و داماد

القصه از آنچه گفت (کاظم)

لبخند مرا نمود لازم

رفت از دل من غم زمانه

آمد زهوای خوش نشانه

کردی چو به شعر خود دلم شاد

بر شعر نکویت آفرین باد

توقعات زیاد

توقعات تو برده است صبر و طاقت من

توقعات تو امروز شد حکایت من

به احترام من آن دکتر عزیز شتافت

برای کار تو کوشید و با رفاقت من

جواب مثبت و خوبی نداشت بهر شما

ولی چرا که شما کرده ای(شکایت من)

تو میزنی همه تهمت چرا که گفت و نکرد

مگر نرفت بدنبال از ارادت من

مگر که اوست که مدیون تو است ای جانم

مگر تو صله باو دادی از وساطت من

مگر که من همه مدیون هر بشر هستم

که آمده است از ایران کند زیارت من

برای من تو چه کردی که من چنان بکنم ؟

خجالت آور و زشت است این اهانت من

برو و درس ادب یاد گیر ای خانم

بجز خودت همه گویند از آدمیت من

116

« منت بی جا بر سر مردم »

منت به سر که میگذاری ؟

کاری که تو میکنی چه بی جاست

مزد عملت مگر ندادم؟

کاری که تو کرده ای هویدا است

من وقت ترا خریده بودم

پرداختم آنچه گفتمت راست

در کافه و منزل و کازینو

هر ساعت کار هشت و نه تاست

من ساعت کار را شمردم

پرداخته ام که خوب و اعلا است

حالا عوض تشکرانت

مدیون تو گشته ام چپ و راست

ای خانم بی ادب ندانم

در شهر شما چه چیز زیباست

دزدیدن و هی دروغ گفتن

در عالم دوستی چه غوغاست

شرمنده شدم از این رفاقت

بیمار از آن هزار درخواست

برگرد و برو به کشور خویش

آنجا دو هزار سفره برپاست

تقدیم به دکتر رضاییان

١١٧

طنز

« بگو دیگر چه گویم از براتون»

چه باید گفت دیگر از براتون
از اون تخم سگاتون ، بچه هاتون
از اون دزدان ماهر ملاهاتون
از اون پول ضعیف بی بهاتون
بگو دیگر چه گویم از براتون
همه سرمایه ها بر باد رفته
گرانی در حّد فریاد رفته
بدست جانی و شیاد رفته
و یا با تیر آن صیادهاتون
بگو دیگر چه گویم از براتون
تمام خاک کشور در امارات
خلیج فارس ویران چون خرابات
همه در بند موهوم و خرافات
اومد چینی به کیش پشتِ دراتون
بگو دیگر چه گویم از براتون
خزر بخشید بر روسیه بی دین
و کارون خشک شد از آب شیرین
بدست انگلیس است این فرامین
که او بوده است در راس سراتون

بگو دیگر چه گویم از براتون

تمام مسجد ا پر از جماعت
همه مشغول تحصیل و عبادت

خوشا آنانکه در نازند و نعمت
ز پول بینوا یک لا قباتون

بگو دیگر چه گویم از براتون

تو غمگین شوهرت رفته به زندان
پسر در پای دار است و پریشان

که دختر در خیابان لخت و عریان
به کارتون خوابی و فقر و بلاتون

بگو دیگر چه گویم از براتون

سرت چادر که این رسم حجاب است
حجاب اندر کتاب است و صواب است

دلت از غصه خونین و کباب است
برو مسجد به بین اون سیداتون

بگو دیگر چه گویم از براتون

تو غرق اندر گناهی مرد مرموز
که ایزد از تو دلتنگ است امروز

همه کارت شده قوز بالا قوز
که ایزد بگذرد از اقرباتون

بگو دیگر چه گویم از براتون

دگر زاینده رودی نیست در کار

نه در دریاچه باشد آب بسیار

درختان و گیاهان خشک و بی بار

بدستور همان کره خراتون

بگو دیگر چه گویم از براتون

پزشک و دکتر دندان کجا رفت

دوا درمون و اسباب شفا رفت

همه بیمار و بدبخت وچه ها رفت

دوا رفت و غذا با میوه ها تون

بگو دیگر چه گویم از براتون

شب و روز شما یکسر سیاه است

همه عمر شما بی جا تباه است

چنین وضعی در ایران پس چرا است

دلم میسوزد از روز و شباتون

بگو دیگر چه گویم از براتون

تقدیم به خانم فرح و نازلی و گلی عزیز

مادر فرهیخته د انا

مقبوله تو راحت شدی از غصه دنیا
رفتی به سفر بی خبر از رنج و بلایا
رفتی به سفر هم سفرت ذات خداوند
رخسار تو پنهان شده در گنبد اعلا
خط تو چه زیبا و مزین به طلا بود
رفتار تو، گفتار تو فرهیخته دانا
هرکس که ترا دید پسندید بیانت
خوش صحبت و خوش قلب و فریبا
فرزند تو هر یک به عمل مثل تو مادر
در مهر و محبت به جهان یکه و تنها
از گلشن دنیا تو پریدی به سماوات
تنها گل رعنا بمیان همه گلها
دیگر گل روی تو نبینیم و بگرییم
از دست اجل هیچ کسی نیست مبرا
یک عمرهمه پاکی و نیکی که نمودی
تا منزل رضوان تو گردید مهیا
آسوده بخواب ای گل پرپر شده من
در فصل خزان گل بزمین ریخت خدایا
ای مادر فرهیخته ای خانم عالم
دیگر به مثال تو کسی نیست هویدا

در سوگ خانم مقبوله کنجه ای

پروفسور کاظم فتحی

«شیوا»

گلخانهٔ خانه را مهیا کردم	گل‌های ظریف را تماشا کردم
اعجاز خداوند در این گل‌ها بود	من دسته گلی از آن مجزا کردم
آن دسته گل لطیف را من	در دامن و دستان خودم جا کردم
بردم به در خانهٔ آن سرور ناز	تقدیم و نثار و مهر شیوا کردم
دیدم که گلم به گل سلامی داد	گل گفت که یار خویش پیدا کردم
خشنود شدم از این ملاقاتش	گفتا که گل دلم مداوا کردم
دنیا نبود مکان عیش و طرب	من این سخن زننده حاشا کردم
بنگر که تو نازی بین این گل‌ها	گل‌های دگر از تو مبرّا کردم
با هر نفسی که مانده ممنونم	با دل ز محبت تو نجوا کردم
پیوسته مؤفق و مؤید باش	بهر تو سلامتی تمنا کردم

نوروز در ایران

چگونه میتوان جشنی براه انداخت درنوروز درایران
گرانی وحشت آورگشته و مردم همه بیخانمان حیران
خجالت آور است این مملکت با این همه ثروت
که ملت را نگهدارند با فقر و غم و گریان
خدا لعنت کندآن مردمان بی محبت بی عدالت را
که خورداندوختندآن ثروت هنگفت راگردیده انداعیان
کجا رفته است پول نفت و زرهای پر از قیمت
همه رفته است در جیب رئیس قوم بی دین نان
اگر مرد مسلمانی به عدل و داد اسلامی
شب عید است و فرزندان مردم بی غذا عریان
چگونه جشن میگیرد در این نوروز فرخنده
که گریان است و عریان است وبا آن کودکان بیجان
خداوندا تو میدانی چه غوغائی است در کشور
بیا پائین به بین بندگانت غوطه وردر خون خود بیجان
تو موسی و محمد و عیسی مریم را فرستادی براین مردم
که تاگویند الله است و یکتا هست و این باشدفقط ایمان
بهار است و گل و ریحان بباغ و دشت آماده
که نوروز است و پیروز است و فرخنده خجسته بادبرانسان
فقط روزی رسد کانروز باشد دادخواهی ها
تمام دزدی و سرقت نگردد مخفی ازچشمان حق یزدان

ایکاش

بگرفتن دست ناتوان رمز نهان بودم ایکاش جوان بودم
لفظ کمک به بینوا ورد زبان بودم ایکاش جوان بودم
روزیکه قوی پنجه و چون سرو روان بودم ایکاش جوان بودم

***

از تشنه میرسید کجا آب فروشند با خرقه چه پوشند
او را به سر چشمه رسان آب بنوشد تا نیک بکوشد
دنیا همه سرمنزل عقبی است گل من با خویش مشو دشمن
از عاقبت کار بیندیش و دلی مشکن چون پاره پیراهن

***

روزی که توانائی و افکار و توان بودم ایکاش جوان بودم
در خانه بیچاره و مایوس نشان بودم ایکاش جوان بودم
بر گرسنه گان لقمه نان بودم ایکاش جوان بودم
بر اشک یتیمان همه در راه جنان بودم ایکاش جوان بودم

***

عشقی که بسر بود همه عشق خدا بودی در پیگر ما بودی
الله و سماوات و دعا پیشه ما بودی در عرش ندا بودی
در گفته و در کرده بدان مهر و وفا بودی در گوش صدا بودی
از فقر و فلاکت چه بگویم که چها بودی آیا که روا بودی ؟
یارب تو بگو عاقبت کار چه ها کردی ؟

دیدار دیگری از میهن

با هم دوباره رفتن ایرانم آرزوست

دیدار یار و رُویت تهرانم آرزوست

در کوچه های شهر به دنبال کوی یار

در جست وجوی کوی و خیابانم آرزوست

در باغ رفته زیر چناری به روی فرش

بنشسته ایم و قوری و فنجانم آرزوست

دستی به زلف یار و همان گیسوی سیاه

چشمی به چشم دلبر جانانم آرزوست

نان و پنیر و سبزی و ریحان و گردوئی

با آن کباب سبزی و تر خانم آرزوست

از حافظ و ز سعدی و فردوسی بزرگ

دیوان آن عبیدی زاکانم آرزوست

از روس و چین همه بیزارم ای رفیق
مرگی برای چکش و سندانم آرزوست

باید کنون که یاد دلبران کنم عزیز
اسفندیار و رستم دستانم آرزوست

هر چند سال ها به بیابان هدر شدم
بازم کنون به دشت و بیابانم آرزوست

با سرو بوستان بنشتیم لحظه ای
یکسر هوس به دشت و شبستانم آرزوست

در باغ شب لمیدم و برآسمان نظر
در آسمان به اختر تابانم آرزوست

در نیمه شب شنیدن بلبل به صوت ناز
در صبحگه به مرغ غزل خوانم آرزوست

دستی به شاخه گل ، نظری باز بر نهال
اندر کنار بوته و گلدانم آرزوست

از گوجه های باغ چشیدم ، چه مزه ای
هر دم کمی نمک و نمکدانم آرزوست

بار دگر به کشور اجدادی ام قسم
دانم نبوده ام ولی از آنم آرزوست

« دی شیخ با چراغ همی گشت دور شهر
کز دیو و دد ملولم و انسانم آرزوست »

۱۲۶

اعراب کینه توز

ای آفریده گار کجایی چه میکنی ؟
ایران ز دست رفت تو تنها چه میکنی ؟
گویند قادری که بیابان کنی چو باغ
اکنون به عرش و گنبد اعلا چه میکنی ؟
ما در خیال اینکه تو ظالم کشی ولی
عدل و مروت آوری حالا چه میکنی ؟
کشور خرابه شد وطنم تکه پاره شد
نا خوانده ای خبر به دل ما چه میکنی ؟
کار تو نیست کذب و ریا و گناه و زور
گویند کار تو تو است بر آنها چه میکنی؟
آزاد نیستیم و درون قفس اسیر
گویند رسم تو است بر آنها چه میکنی ؟
ای آفریدگار زمین و زمان و دهر
پاداش رنج و درد و بلا را چه میکنی ؟
اعلام جنگ داده عرب های کینه توز
با این ددان ساکن صحرا چه میکنی ؟

نوروز ۱۳۹۷

نوروز دوباره آمد اندر بر ما است

ایام بهار است و چو گل بر سر ما است

هر سال که نوروز عیان شد بر ما

گفتیم قدم مبارک او دلبر ما است

یکسال به انتظار آن آمدنش

گفتیم بیا صفا کنون زیور ما است

برخیز و بیا که دوستان منتظراند

آنرا که ندیده ای دو چشم تر ما است

گفتیم بیا رقیب اندر خواب است

با عشوه و ناز یار در بستر ما است

در نعمت و ناز و خنده و ساغر می

مستیم در اینجا و نه این کشور ما است

در کشور ما گریه و زاری بر پا است

شخصی که فقط خوش است او رهبر ماست

اینجا غل و زندان بر پاپریشانی نیست

آنرا که شکسته اند بال و پر ما است

پرسند گل و سنبل و آن سبزه کجا است

گفتم که نهان بزیر خاکستر ماست

ای روز خجسته آفرین بر مهرت

هرساله میایی و وفا یاور ما است

آنان که به ظلم و زور قدرت طلبند

بگذار بیافتند غم آخر ما است

جانم بفدای هر که با عشق و صفا است

در دهر خدای ما و یا سرور ما است

نوروز خجسته بر تو ای ایرانی

او تنگ شراب و ساقی و ساغر ما است

تقدیم به مردمان پر شور و سرور

کاو یار قدیم و حامی و یاور ما است

«شوخی با دوست»

منم در بند گیسویی گرفتار   فقط در فکر شعر و خر دوانی
تو با تفریح امروزت چه کردی   شنیدم رفته بودی اسب دوانی
تو هم افتاده‌ای در بند گیسو   در این سن بر تو شد بار گرانی
ولی دانم چه آید بر سَرِ تو   همین دردسرای ناگهانی
برو خوش باش و از اندوه بگذر   فقط ننشین به پای روضه‌خوانی
دگر مشنو صدای دلخراشی   که نامش را نهاده نوحه‌خوانی
کسی دیگر سراغ ما نیاید   ندارم من دگر حس جوانی
به روی سقف منزل می‌نشینم   ندارم پلّه جز یک نردبانی
رئیس توده‌ایها یادت آمد؟   که اسم‌اش بود او دکتر ارانی
که او هم گله‌ای را حفظ می‌کرد   که می‌نامند آن را بُزچرانی
خبرداری که شاه از مملکت رفت   به‌جایش آمده یک روضه‌خوانی
برو شکر خدا کن زنده هستی   وگرنه رفته بودی دار فانی
منم خسته از این مغز فکورم   که ما را کرده دیوانه، روانی

« عقاب و ببر »

بروی شاخه ای دیدم عقابی پرزد و بنشست

بزیر شاخه ببری خفته در یک شاخه مست مست

یقین دارم که ببر خفته خوشحال از شکار خود

عقاب آهسته می آید به پشت ببر و با یک جست

به منقارش گرفت آن ببر خواب آلود را یکجا

به پرواز آمد و در اوج رفت و استخوان بشکست

ز بالا ببر را انداخت پایین روی یک سنگی

چو افتاد و بمرد آنگه عقاب آمد برش بنشست

به منقارش تمام جامه اش از تن جدا کرده

شکم ببرید و احشا را بخورد و در هوا پیوست

درون لانه اش بُرد بفرزندان خود دادی

از آن خوردند و شادانند یک یک از غذا در دست

عقابان دگر خوردند از آن لاشه در آن جا

عقاب آسوده خاطر کاین شکارش از تقلا رست

به پرواز آمد و در آسمان خندان و سرگردان

عقاب از کرده می خندید و بر هر خنده ناز ششت

یکی صیاد هم دنبال آن مرغ سبک بال است

چو تیری بر عقاب آمد کنون افتاد اندر پست

خدا گوید مکش ای دوست از بهر غذا حیوان

که او آسوده می چرخد بدنبال غذا در بست

کجا قانون ترا گفته که جان گیری ز حیوان ها

چو حیوان است و بی یاور چرا گویی که قانون هست

۱۳۱

« دنبال چه میگردی آن گمشده ما دیگه نمی شه پیدا »

گویند که آن گمشده ما نشود پیدا

دنبال چه میگردی او نیست در این مأوا

وقتی که در اینجا زحضورش اثری بود

کردی تو چه ؟ از بهر وجودش که دریغا

تسکین دلت بود وجودش و حضورش

امروز که او رفته نکرده است تمنا

تو در پی او گردی و او رفته از این مُلک

در عرش به پرواز چو یک مرغ خوش آوا

آن مرغ به پرواز در آن هفت سماوات

دیدار تو و او به قیامت شده پیدا

باید که به سنجیم همه مهر وفا را

وقتی که نمرده است و در این جاست خدایا

پس غصه مخور جان من امروز که هستیم

خوش باش و صفا کن که همین است هویدا

قدر همه را دان و بدان مرد مدبّر

آسوده شو از شکوه دیروز و فردا

امروز که یک ملک جهانی زیر پر توست

قدرش تو بدان ، فردا او رفته ز دنیا

«برق چشمان»

برق چشمان تو را دیدم و اشکم می‌ریخت

روی گل‌های چمن

خیس شد گونهٔ من

خیس شد دشت و دمن

خواستم شیون و فریاد زنم   برق چشمان تو مدهوشم کرد

من شنیدم که تو می‌خندیدی   پیش خود گفتم لابد که فراموشم کرد

تا زدم فریاد اندام تو افتاد به لرز   ناز چشمان تو یکباره قدح نوشم کرد

نازنین مهر و وفای تو چرا شد مفقود

من در این ایده که آن عشق نمی‌میرد زود

اشتباه از من و رنج از من و چشم اشک آلود

برق چشمان تو بود   برق چشمان تو بود

که مرا داد فریب   که دلم کرد کباب

رفتم از کوی سراب   برو آسوده بخواب

برو آسوده بخواب

«هشدار»

بر وزن شعر خوانندهٔ محبوب، حمیرا

اگر از کشور ایران
اگر از کشور آمریک
اگر از دولت ایران
اگر از دولت آمریک
اگر از دزدی آن‌ها — اگر از دزدی این‌ها
نمی‌گویم همه هست

اگر از فقر و فلاکت
اگر از درد و شکایت
اگر از دولت نکبت
اگر از مُردن ملت
اگر از هوای مسموم — اگر از مُرده و مرحوم
نمی‌گویم همه هست

اگر از کشتن و کشتار
اگر از دار، اگر از دار
اگر از مردم بیکار
اگر از آخوند خونخوار
اگر از این مردم آزار — اگر از مرد تبهکار
نمی‌گویم همه هست

غم و غصه خوردنم حدی داره   همه روزه مردنم حدی داره

این دیگه زندگی نیست، باختنه   به سوی مرگ و عدم تاختنه

چرا بیدار نمی‌شی برادرم   چرا هشیار نمی‌شی برادرم

مشغول کار نمی‌شی برادرم

تا که ایران تو ویرون نشود   رسم و آداب تو داغون نشود

این نه آوای من است، هشدار است

وقت آزادی هر گفتار است

تصنیف بر وزن شعر نگو نگو نگو نمیشه

«چرا که بگم نمیشه»

اگه ما با همدیگر آتشی کنم کنیم چی میشه
واخ که چه عالی میشه ، چرا که بگم نمیشه
اگه باغ دل و نقاشی کنیم چی میشه
واخ که چه عالی میشه، چرا که بگم نمیشه
اگه خورده خورده ، اگه ریزه ریزه
یه دسته گل بسازیم ، برای عشق دلبر
واخ که چه عالی میشه چرا که بگم نمیشه
اگه رفته رفته ، اگه هفته هفته
آب میدادیم به گلها برای رشد بهتر
واخ که چه عالی میشه چرا که بگم نمیشه
اگه اخلاقمون با هم بسازه
اگه رفتارمون عشقو نبازه
اگه هیچ عاشقی تنها نباشه
کارما روز وشب راز و نیازه
اگه خورده خورده ،اگه ریزه زیره
یه دسته گل بسازیم برای عشق دلبر
واخ که چه عالی میشه چرا که بگم نمیشه
اگه رفته رفته   اگه هفته هفته
آب میدادیم به گلها برای رشد بهتر
واخ که چه عالی میشه چرا که بگم نمیشه
شب یلدا و من منتظر تو هستم
بخدا من تو رو همیشه می پرستم

بیا زودتر بیا که مست مستم
غمم از دل ببر که پیش تو نشستم
اگه خورده خورده اگه ذره ذره
یه دسته گل بسازیم برای عشق دلبر
واخ که چه عالی میشه چرا که بگم نمیشه
اگه رفته رفته اگه هفته هفته
آب میدادیم به گلها برای رشد بهتر
واخ که چه عالی میشه چرا که بگم نمیشه

تصنیف آی ملا

آنها که مست مستند

آنان که پول پرستند

باید که فاش گویم

در جمع ما نشستند

آنها که لول لولند

دنبال پول و پولند

آنان که لخت و عورند

در شهر در عبورند

باید تو هم بدانی

بدبخت و زارو کورند

حالا که مست مستم

تنها وطن پرستم

دیگر چرا نگویم

ملا نمی پرستم

ملا نمیپرستم

ملا نمی پرستم

ملا نمی پرستم

او از کجا رسیده

بیمار درد و رنجیم

پشت وطن خمیده

آورده نا مسلمان

آن انگلیس شیطان

حیوان تر از آخوندا

چشم فلک ندیده

۱۳۸

چشم فلک ندیده   چشم فلک ندیده

ما مردمان ایرون
تهرون و یزد و شمرون
حالا شدیم پشیمون
از دست جمعی مجنون
حالا که ما بیداریم
پول و پله نداریم
بریم به جنگ ملا
از هیچ کی ترس نداریم
به عادت اجدادی
برای اون آزادی
باید با هم بسازیم
با عشق و مهر و شادی
آی ملا   ملا   ملا
پول میخوری بسم الله
آی ملا   ملا   ملا   جونت در آد ایشالله
ایشا الله

این کهنه رباط را که نامش دنیاست   بیهوده و بی‌ثبات در رنج و بلاست

تقدیم به ما مکن که این درد و شفاست   بازش بستان که مرکز جنگ و خطاست

***

او را که خدا سرشت و آخر بشکست   بشکستن او چه بود از روز الست

او بود بشر نبود بت در کف مست   از دست که جست و در سریر که نشست

***

اسرار ازل را چه کسی می‌خواند؟   وین حلّ معمّا چه کسی می‌داند؟

ما در پسِ پرده رفته مخفی شده‌ایم   گر پرده بیفتد چه کسی می‌ماند؟

***

آنان که در این زمانه پُرکار شدند   اندر پی سیم و زر چه بسیار شدند

رفتند و نبردند زری با خود زیر   با مردن خویش تازه بیدار شدند

***

اجرام ستارگان این ایوانند   بالای سرت به چرخش و حیرانند

در عرش خدا نشسته در زندانند   از کار خدا چه رازها می‌دانند

۱۴۰

تا چشم تو دید دیده حیرانم کرد   با دیدن آن چشم پریشانم کرد
آشفته شدم واله و پژمانم کرد   آن خوی بدات باز پشیمانم کرد

***

اندر طلب‌ات یکسره من جان دادم   هم مهر و وفا و دین و ایمان دادم
در نزد تو من نشسته پیمان دادم   دریای هوس بود چه ارزان دادم

***

بر مزرعهٔ عمر نگاهی کردم   بر کِشتهٔ خویش رفته آهی کردم
دیدم که تمام آن چه من کاشته‌ام   نشکفته و من عجب گناهی کردم

***

آسوده نشین که رسم دنیا این است   از آمدن و رفتن ما تأمین است
یک دسته قشنگ و خوب و زیبا رفتند   یک دسته وجودشان همه ننگین است

***

دیدم که جزیره را تو می‌دزدیدی   گفتم که از این جزیره کِی بد دیدی؟
خواهی که جزیره را به چین بفروشی   از عاقبت کار نمی‌ترسیدی

***

از روس و ز انگلیس پرهیز سزاست   پرهیز ز انگلیس هم امر خداست
بس نیست ضررها که کشیدیم از او   امروز بشر نشانهٔ تیر بلاست

انگلیس‌وروس‌وچین‌در کشورماحاکم‌اند　　زر پرستان وطن هم عالم و هم ظالم‌اند
کشور ما شد مکان و مرکز داد و ستد　　می‌فروشنداین‌وطن‌زاهرکه‌آمدحاضراند

***

در صف مردان کشور نیستی ای بی‌حیا　　شرم کن،پوزش‌بخواه‌از آن‌چه کردی‌برملا
مردم ما مردم ایرانی‌الاصل‌اند و بس　　از کجایی تو که ایران می‌فروشی در خفا

***

شاهدم من گنبد و گلدسته را کردی بپا　　شاهدم من گنبد و گلدسته از جنس طلا
مردم این ملک تشنه، گرسنه، بی‌خانمان　　پول ملت را فرستادی به شهر کربلا

***

گر خدایی هست می‌داند که ایران کهن　　سال‌ها استاده محکم در جدال اهرمن
او که‌می‌داندتودادی‌دردوغم،رنج‌ومحن　　بر جوانان غیور و افسران پیل تن

***

حفظ این کشور برای مردمان آسان نبود　　حفظ آن فرهنگ هم در نزد ما ارزان نبود
آمدی برهم زدی آن قدرت و فرهنگ ما　　از عرب درس گرفتی لایق انسان نبود

***

ما درس امام را نکردیم پسند　　او داد به عمامه به سرها این پند
گر مردم ما ز باطن آگاه شوند　　ریزند شما و دیگران را در بند

در کارگه کوزه‌گری رفتم دوش   دیدم دوهزار کوزه بی‌جوش و خروش

هریک به زبان بی‌زبانی با هوش   پرسند کجا رفته عمو کوزه‌فروش

***

هر کوزه کنار کوزهٔ دیگر مست   یک کوزهٔ نو رسید و آنجا بنشست

پرسید چرا بقیه مست‌اند اینجا   گفتند شراب خورده هر کوزه شکست

***

در دامن گل نشستم و شاد شدم   از رنج و غم زمانه آزاد شدم

دیدم که هنوز بلبلان در قفس‌اند   یکباره به یاد ظلم صیاد شدم

***

افسوس که دوران جوانی بگذشت   آن وجد و نشاط و شادمانی بگذشت

آن شور و شعف مثال آنی بگذشت   آنی چه کنم که زندگانی بگذشت

***

بر دوست مزن طعنه که از قزوین است   یا رشتی و ترک و زادهٔ نائین است

هر شهر که او زاده شده شهر خدا است   او زادهٔ شهر خالق بی‌کین است

***

هر کس به حساب خود بشر بوده و هست   اغلب عقب دفع شرر بوده و هست

امروز به فکر قیمت کالاهاست   دنبال همان نفع و ضرر بوده و هست

۱۴۳

«رباعیات»

در عشق وطن سوخته‌ام سالی چند   اخبار وطن همیشه جنجالی چند
آشفته و بی‌قرار و بدحالی چند   پرواز چگونه با پـــــر و بالی چند

***

در نزد تو آمدم پشیمان گشتم   از شیوه و کار تو پـریشان گشتم
از کردهٔ تو واله و پژمـــان گشتم   دیدم که حسادت است گریان گشتم

***

از بدو عمل چه رنج‌ها را سُفتی   در بستر او رفته و آن‌جا خفتی
تو در صدد کندن چاهی گفتی   از بهر کسی چاه نکن خود افتی

***

دیدم که بدون شک تو با تدبیری   درس ادب و مهر ز یاران گیری
خواندند سخن‌های تو را شمشیری   بنیاد مکن تو حیله و تزویری

۱۴۴

«رباعیات و دوبیتی»

در دل ابر همان آتش سوزان پیداست　　رعدوبرق است‌وبه‌جنگل‌زندآتش‌بیجاست
دل جنگل چو بسوزد دل ما می‌سوزد　　هردوسوزیم‌ازاین‌آتش‌واین‌دردودواست

***

تکیه دادم به درختی که نبودش برگی　　ریشه‌اش خشک شده، شاخه ندارد رنگی
گفتمش هیچ نداری و از این دلتنگی؟　　گفت افسوس زبان نیست زنم آهنگی

***

در جهان زلزله و سیل فراوان شده است　　باد و طوفان همه دردسر انسان شده است
آتش‌جنگل‌وقحطی‌همه‌ویران‌شده‌است　　همه‌گویند‌که‌این‌تحفه‌زیزدان‌شده‌است

***

پَرِ طاووس چه زیبا است ماشاءالله　　دنبال خِرَد روید انشاءالله
برخیز و ببین مِهر خدا بسم‌الله　　لاحول و لا قوه الا بالله

***

بر سرو همین قامت بالا مانده　　در کوه همان قدرت والا مانده
در نیمه شبان نگه به افلاک انداز　　بین نور خدا را که چنین آزاده

در بارگه عدل الهی دیدی   گفتم که چرا گناه را بخشیدی

گفتا که تو در جهان محبت کردی   از دست تو هیچ کس نرنجیدی

***

مهربانی کـــن به یاران ای عزیز   آبروی هیـچ انسانـــی مریز

تا تـــوانی از غـــم دنیا گریز   مهر و ناز و روشنـــی در عشق ریز

***

با سخـــن این خـــطه آبادان نشد   درد و غـــم از دیـده‌ها پنهان نشد

با عدالت کارهـا آسـان شود   بی‌سبـــب این ممـلکت ویران نشد

۱۴۶

«رباعیات»

برو زاهد ریا از خود بکن دور   که آن را بر بشر کردیم مجبور

حقایق از بشر کردی تو مستور   نگفتی از خدا و آن همه نور

***

برو ای عابد و دعوت مکنم سوی بهشت   که خداوند بهشتی که تو دانی نسرشت

تو مرو منبر و برگرد از آن عادت زشت   که خدا آمده پُرسد آن را که نوشت

***

خریدم دوزخ و گفتم به قرآن   نخواهم داد کس را راه در آن

همه باید به رضوان دست یابند   که دوزخ نیست دیگر جای انسان

***

اگر دردی دوا شد کار ما بود   اگر اشکی رها شد کار ما بود

اگر جنگی به پا شد کار ما بود   بدان این کارها کار خدا بود

ای که در محفل ما روی منوّر چو طلایی   عهد نابسته از آن به که نیایی و نخواهی

دشمنان طعنه زنندم که چرا ذکر تو گویم   باید اکنون به تو گویم که تو در عشق خدایی

***

مگر به گوشهٔ چشمی نظر به ما داری   مگر به نیمه شبی، قصه یا دعا داری

مگر ندیدی در چشم من نشانهٔ عشق   چرا نپرسیدی در قلب خود که را داری

***

کنار آینه عکس تو مرهم دل ما است   حضور تو همه چون نور و شمع منزل ما است

چه روزها که نگه بر تو و بر آینه بود   مثال آینه روی تو حل مشکل ما است

***

به زندان رفته بی‌تقصیر بودم   به زیر آن غل و زنجیر بودم

به آزادی رسیدم پیر بودم   من از آن زندگانی سیر بودم

۱۴۸

«رباعیات»

دنیا و زمان نمانده بر کس ای دوست   نیکی به جهان همیشه بر دوست نکوست

تا در بدنت هست سر و سینه و پوست   نیکی کن و نیکی که عبادت بر اوست

***

تا کی غم قلب و دست و پا را بخوریم   یا درد کمر، و کلیه‌ها را بخوریم

بگذر ز غم و شکایت درد و مرض   می نوش و بیا آب و هوا را بخوریم

***

در محضر عالمی نشستم من دوش   گفتم که مگر علم نمی‌خواهد هوش

گفتا که سخن مگوی و می‌باش خموش   از کس تو سوالی مکن و باش دو گوش

***

گفتم به خداوند خدا بنده شدیم   گفتا که بلی، بندهٔ یکدنده شدیم

گفتم که خداوند تو را می‌بخشد   گفتا که چه بخششی و در خنده شدیم

***

افکار خدا را نه تو دانی و نه من   انگیزهٔ او را نه تو خوانی و نه من

وین حلّ معما نه تو دانی و نه من   بهتر که فراموش کنی بحث و سخن

۱۴۹

«رباعیات و دوبیتی»

از دور زمان شکایتی دارم من   وز شهر شما حکایتی دارم من

دنیا و هر آن چه هست در آن هیچ است   اینجا ماندم چه حاجتی دارم من

***

من در پی مال و شهرت و نام نبودم   آمادهٔ کار بودم و عار نبودم

از کار زیاد و فرصت تدریسم   خوشحال شدم که فرد بیکار نبودم

***

جراحی و خدمت به بشر شادم کرد   از زیر و بم زمانه آزادم کرد

وقتی که مریض من به بهبودی رفت   یک باره به فکر درد اجدادم کرد

***

او که از تخت عمل می‌ترسید   روی آن تخت عمل می‌لرزید

بعد جراحی و بهبود تمام   بر همان تخت عمل می‌خندید

***

سفر کردم که دور از نیش باشم   از آن شهر پر از تشویش باشم

درست است این که این جا کشورم نیست   ولی خواهم که خیراندیش باشم

۱۵۰

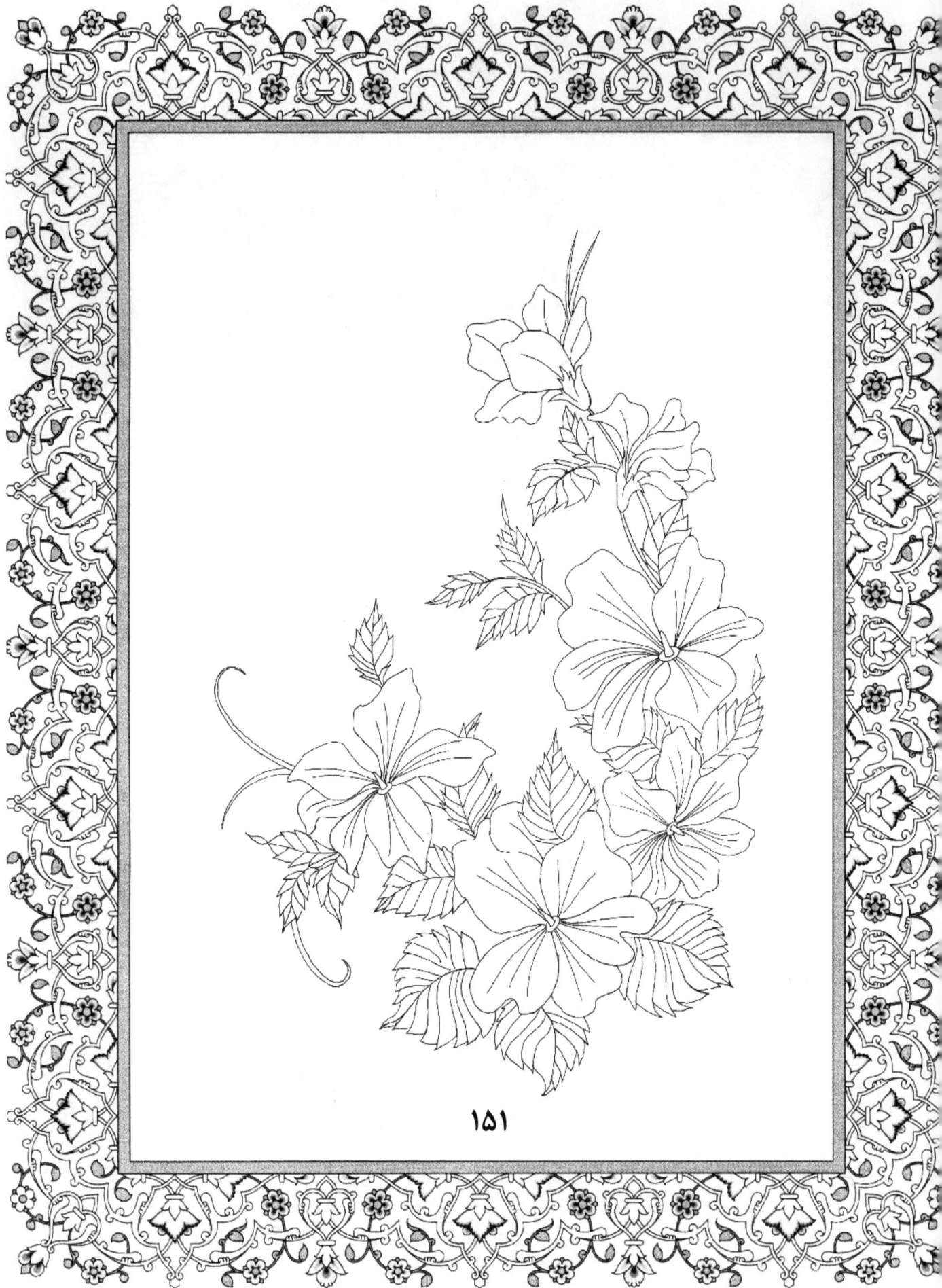

١٥١